KB014874

좋은 기사를 위한 문학적 글쓰기

저널리즘 문장론

이 도서의 국립중앙도서관 출판시도서목록(CIP)은 서지정보유통지원시스템 홈페이지(http://seoji.nl.go.kr)와 국가자료공동목록시스템(http://www.nl.go.kr/kolisnet)에서 이용하실 수 있습니다. (CIP제어번호 : CIP2014037945)

저널리즘 문장론

좋은 기사를 위한
문학적 글쓰기

| 박래부 지음 |

한울
아카데미

문학성 있는 기사를 쓰기 위한 제언

30년의 기자 생활과 4년의 대학 강의를 바탕으로 이 책을 쓴다. 나는 좋은 기사를 쓰고자 하는 열망으로 언론 현장에 있었고, 현장을 떠난 후 그 체험을 후배 언론학도에게 전수하고 싶었다.

다소 거칠지라도 먼저 강조하고 싶은 주장이 있다. 좋은 언론인이 되기 위해서는 우선 두 가지 요소가 충족되어야 한다는 것이다. 하나는 진실 보도에 대한 의지이고, 다른 하나는 문장력이다. 물론 훌륭한 언론인이 되기 위한 조건에는 여러 가지가 더 있다. 그러나 이 두 가지 요소는 다른 어떤 심오한 지식이나 조건을 능가한다.

진실 보도와 공정 보도는 언론의 존재 이유다. 아무리 강조해도 지나치지 않는 당위이며 목표다. 그러나 이 책은 글쓰기와 보도 문장에 관한 것을 다루게 되므로, 가능한 한 문장력 부분으로 논의나 공부를 집중시키고자 한다.

모든 글은 읽기 좋고 쉽게 공감할 수 있어야 한다. 매력적이고 깊이도 느껴져야 한다. '문학적 글쓰기'는 모든 쓰는 행위의 출발선일 뿐 아니라, 글을 쓰는 동안 내내 벗어나서는 안 될 트랙이며, 마침내 당도할 종착점이다. 논리적 글쓰기가 근엄하거나 무채색적이라면, 문학적 글쓰기는 그 위에 다감하고 다채로운 감정의 옷을 입혀준다. 공감대를 넓혀 필자와 독자 사이는 좁혀주는 대신, 정서적 교류는 넓혀준다.

내가 아는 한 유감스럽게도 지금 많은 언론학 교실의 글쓰기 강의는 그런 데 중점을 두고 있지 않다. 언론학도의 문학적 감성을 키우기보다 대부분 기계적·기능적 글쓰기에 더 치중하고 형식적 완성도를 목표로 논리 중심으로 가르치고 있다.

물론 형식적 완성은 중요하나 이런 강의방식은 학생들이 지닌 글쓰기에 대한 흥미나 욕구, 성취감을 꽃피게 할 수 없다. 오히려 더 좋은 문장에 대한 관심과 흥미의 싹을 시들게 할 수도 있다. 학생들의 문학적 감수성은 오랜 기간 지속적으로 숙성되게 해야 한다. 언론학을 배우기 시작하면서부터 그런 방향의 좋은 글쓰기를 생활화해야 한다. 가르치고, 배우고, 훈련하고, 습관화해야 한다.

문학적 글쓰기 중의 한 갈래가 스토리텔링에 의한 기사 쓰기일 것이다. 스토리텔링이란 독자에게 알리고자 하는 내용을 재미있고 실감 있게 이야기story 하는 것telling을 말한다. 문학적 글쓰기 역시 그 자체가 이야기 구조를 중시하고 있다. 그러나 문학적 글쓰기에서 강조하고 싶은 것은 스토리텔링 외에도 풍부한 수사나 비유, 구성으로 이뤄진 다채로운 글쓰기이다.

다른 이가 쓴 교재와 달리, 이 책은 내가 쓴 글과 나의 지도를 받은 학생들의 글을 많이 싣고 있다. 나는 강의를 하면서 문학적 기사 쓰기가 강조되는 새 교재가 필요하다고 느꼈다. 학생들이 어려서부터 지녀온 감성적이고 결 고운 언어와, 그것의 중요성을 인정하고 장려하고 권장하는 강의가 좀 더 보편화해야겠다고 생각했다.

감상적이고 정서적인 문장만을 쓰자는 주장은 아니다. 보도 문장도 상황에 따라 자연스레 달라져야 한다. 평소에는 대부분 쉽고 간결하고 정확할 것을 요구받는 기사 문장이지만, 사건과 상황에 따라 냉철하고 준엄하고 냉소적이고 해학적이고 호쾌할 필요도 있다.

내게 "이런 책을 쓸 만한 자격이 있느냐?"고 물을지도 모르겠다. 나는 이렇게 답하겠다. "대학 시절에도 글을 많이 썼고, 언론사 입사 후 열심히 다양한 기사를 썼다. 내가 쓴 '문학 기행' 연재틀 중 한 회가 고등학교 문학 교과서와 전남대학교 국어 교재에 각각 실려 있다"고.

외국 신문을 볼 때 문학적 기술에 많이 의존하고 있는 것을 보고 놀랄 때가 많다. 냉철한 문장 위에 묻어 있는 인간적·문학적 향기가 부러운 것이다. 보도 문장이라도 사실fact만 전하는 데 그쳐서는 안 된다. 핵심적 의미와 분위기를 같이 느끼게 해주어야 한다. 모든 기사를 문학작품처럼 쓰는 것도 부자연스럽고 또 그렇게 쓸 필요도 없다. 그럼에도 모든 기사에는 문학적 감성이 녹아 있는 것이 바람직하다.

한국기자협회는 오래전부터 '이달의 기자상' 제도를 운영해 오고 있다. 이 상 심사위원을 할 때 나는 기사의 품격을 높이기 위해 '잘 쓴 기사상' 부문을 신설하자고 제의한 적이 있다. 심사위원이 모두 찬성했으나 끝내 이 부문은 추가되지 못했다. '잘 쓴 기사'에 대한 적극적인 개념과 평가가 정착하지 못한 결과라고 생각된다. 지금도 그 불발이 아쉽다.

인쇄 매체의 경우 인터넷 매체 등으로 떠나가는 독자를 다시 불러들이기 위해서라도, 우리는 삶에 더 다가서는 창의적인 뉴스 문장을 가르치고 배워야 한다. 성급하고 건조한 보도 문장을 더 풍요롭고 세련되고 정감 있는 글로 다듬고 손질해야 한다.

이 책의 특징은 저널리즘 문장에 대한 학술적인 접근과 함께 현장성과 실용성, 실제 경험 등에 밀착해서 구성되어 있다는 점이다.

머리말에서는 언론 문장도 문학적 글쓰기에서 출발해야 한다는 점을 강조했다. 강조를 하다 보니 머리말이 꽤 길어졌다.

다음, 총론에 해당하는 1, 2장에서는 바른 기사와 좋은 뉴스 문장을 다각도로 소개했다.

3장부터는 현재 대부분의 언론사에서 실시되고 있는 실제 현상에 맞춰 사회부와 문화부, 체육부, 정치부, 경제부 등에서의 기사 쓰기를 공부하게 된다. 그중에서 더욱 심도 있고 폭넓게 이해시키고자 한 것이 사회부 기사 쓰기이다. 사회부의 기사 훈련은 언론인의 가장 기초적 과정이자, 이후 다른 부서에서의 글쓰기에도 밑바탕을 이룰 것이기 때문이다.

그 중간에 스케치 기사와 르포르타주 기사, 인터뷰 기사 등이 다뤄져 현장과 현실에 가까운 글쓰기 방법을 습득시키고자 했다. 특히 스케치 기사를 공부할 때 묘사적 글쓰기 부분을 길게 병행한 것은, 언론학도가 기사 연습을 할 때 문학적으로 다가가 줬으면 하는 희망을 지니고 있는 까닭이다.

9장 사설 쓰기와 10장 칼럼 쓰기 부분은 언론학도가 상당한 시간이 지난 뒤에나 맞게 될 업무이지만, 저널리스트로서는 반드시 공부해두어야 할 대목이다.

11장에서는 여러 매체에서의 기사 쓰기를 비교적 간략히 언급했다. 매체가 달라진다고 해서 기사 쓰기의 바탕과 원칙도 변하는 것은 아니기 때문이다.

책 뒤에 실은 부록 두 편 중 첫 번째 글 '기사 쓰기, 좌충우돌 30년'은 글쓰기와 관련된 나의 자전적 회고다. 취재하고 기사를 쓰는 직업에 뛰어든 나의 체험과 글쓰기에 관해, 독자가 이해하기 편하도록 수필 식으로 풀어 쓴 것이다.

부록 두 번째 글 '낯선 학생이 보낸 이메일'은 한 언론학도가 낯선 언론인인 나의 기사 쓰기에 대해 자신의 느낌과 궁금증을 적어 보낸 편지다. 그의 이메일은 나를 과찬하고 있어 민망하지만, 보통의 언론 소비자들이 지금의 언론과 언론학 강의실에서 무엇에 목말라하는지를 구체적으로 증언하고 있다고 생각되어 실었다. 이 책을 위해 미리 써준 발문 같기도 하다.

애초 이 두 편의 글을 앞부분에 실으려 했으나, 결국 일반적 교과서의 관례에 따라 부록 형식으로 뒤로 보냈다. 그러나 나는 지금도 독자가 이 두 글을 다른 장보다 먼저 읽었으면 하는 바람과 미련을 지니고 있다.

참고삼아 나의 강의방식을 얘기하자면, 세 시간 연속 강의 가운데 두 시간은 글쓰기에 대한 이론을 공부하거나, 그 전 주에 학생들이 쓴 글 중 몇 편을 골라 잘 쓴 부분과 고쳐야 할 부분 등을 지적하거나 한다. 나머지 한 시간은 지난주에 준비시킨 소재에 대해 30분 정도 글을 쓰게 한다. 쓰기의 소재는 강의 순서에 따라 사회부 기사(사회부 기사는 처음부터 여러 번 쓰게 했다), 인터뷰 기사, 문화부 기사 등에 해당하는 글감을 주변에서 찾게 했다. 그리고 15분 정도는 학생 서로가 다른 사람이 쓴 글을 첨삭하거나 평가하게 한다.

만약 이 방식 대신 매주 집에서 써 오도록 과제를 낼 경우, 학생들은 한 학기 내내 글쓰기 수업에 대한 큰 스트레스를 받게 될 것이다. 또한 마감시간에 쫓기며 짧은 시간 안에 글을 써야 하는 언론인의 생활을 미리 익히는 것도 학생들에게 필요하다. 학생들이 부담을 느끼지 않도록 이 시간에 쓰는 글은 성적평가에 반영하지 않았다.

나는 수업시간에 "나중에 내가 책을 펴내게 되면 여러분이 쓴 글이 실릴 수도 있다. 그러면 연락을 하라. 저작권을 보상해주거나 한턱을 내겠다"고 말하곤 했다. 약속을 지키고 싶다.

아직도 둔필에 지나지 않지만 저널리즘 글쓰기와 관련해서 나는 여러 국내외 문인으로부터 소중한 자양을 얻었다. 그리고 언론사로서는 드물게 자유로운 풍토 속에 글쓰기의 가르침을 준 ≪한국일보≫ 선배들, 함께 공부하며 많은 것을 일깨워주었던 국민대학교 학생들, 이메일을 보낸 최서윤 씨 등에게 큰 고마움을 전한다.

　또한 도서출판 한울에서 책을 펴내게 된 것을 기뻐하며 김종수 사장과 이교혜 편집장, 편집자 조수임 씨 등에게 깊이 감사한다. 책의 구상과 집필을 지지해주고 도움을 준 후배 언론인 김철훈 씨에게도 고맙다는 인사를 전하고 싶다.

2014년 12월

박래부

차례

1
바른 기사, 좋은 글

1. 바른 기사와 진실 추구 기사

언론인이 추구해야 할 기사는 문법과 어법을 존중하는 바른 기사이면서, 동시에 진실을 보도하는 기사다. 신문이나 방송은 국민의 언어생활에서 교과서적 역할을 하기 때문에, 언론에서 언제나 바르고 아름다운 글과 말을 사용하도록 노력해야 한다.

언론의 사명과 생명은 진실 보도에 있다. '진실'은 정확성 accuracy 이나 사실fact과 유사하지만, 엄연히 다른 점이 있다. 언론 역사를 볼 때, 정확성을 바탕으로 사실을 보도하면 언론의 역할을 다한 것으로 여겨지던 시기도 있었다. 그러나 사실 보도와

성확성은 기자의 기본적이고 당연한 의무일 뿐, 진실 보도와는 다르다.

예를 들면 한 정치인이 의도적으로 허위사실이나 사실을 과장해서 주장할 경우, 언론이 정치인의 말이 거짓임을 알면서도 객관성이라는 명분을 내세워 그대로 보도한다면 진실 보도가 아니다. 정치적 계산에 말려들어 현실적으로 사실을 왜곡하는 것이다.

언론은 **사실에 대한 진실**truth about the fact을 보도해야 한다. 눈앞에 드러난 사실 너머에 존재하거나, 숨겨져 있을 수 있는 진실을 직시해야 한다. 진실 보도의 바탕은 언론 자유와 기자의 투철한 윤리의식이다. 기자는 현상을 여러 각도에서 보고 그것의 인과관계와 맥락, 객관성 여부를 끊임없이 확인해보아야 한다.

진실 보도에서도 전달하는 방법론은 다양하다. 사실 혹은 진실을 전달하기 위한 효과적인 방법을 찾는 것이 중요하다. 쓰고자 하는 기사에 적합한 미학적·문학적 접근이 필요하다. 사안에 따라 다양한 글쓰기가 필요함을 말해주는 한 일화를 소개한다. 하나의 사물을 나타내는 데는 단 하나의 단어밖에 없다는 일물일어 一物一語 주장까지는 아니더라도, 기자는 하나의 사물이나 사건을 표현할 때 적절하고 매력 있는 말을 찾기 위해 많이 고심하게 된다.

신문 기자를 시작한 지 얼마 안 됐을 무렵, 입사 동기 한 명이 선배에게 전날 자신이 쓴 기사에 대해 물었다. 내심 그 기사에 자부심을 지니고 있는 듯했다. 질문을 받은 선배는 사내에서 문장가로 유명한 사람이었다.

"제가 쓴 기사 어땠나요?" 그 선배는 잠시 생각한 후, "나였다면 그 기사를 '그것은 기적이었다'라고 시작했을 것 같다"고 말했다. 그 동기는 그 말에 감탄한 듯 눈을 빛냈다.

몇 달 뒤, 그 동기가 쑥스러운 듯 웃으며 털어놓았다. "그 뒤로 비슷한 기사를 또 쓰게 되었어. 그래서 나는 '그것은 기적이었다'라고 시작했지. 그런데 그 선배가 박박 지우고 다른 말로 고치더군."

이 얘기를 듣고 모두 웃었다.

2

좋은 뉴스 문장

1. 우수한 기사를 쓰기 위한 준비, 문학서적 읽기와 연습

단아한 미문으로 널리 알려진 앞의 그 선배는 후배들에게 "사회부 기자가 됐다고 해서 사회과학서적을 먼저 볼 것이 아니라, 우선 문학서적을 많이 읽어 문장력을 키워야 한다"고 값진 충고를 했다. 그 말에 전적으로 공감한다. 나의 경험으로는, 언론인으로서 문장력을 키우려면 문학서적 중에서 일반적으로 소설보다는 시를, 또 시보다는 수필을 많이 읽는 것이 실질적 도움이 될 것이라는 점을 덧붙이고 싶다.

언론인이 되기 전인 언론학도라면, 글쓰기의 비중이 큰 입사

시험에 더 철저히 대비하기 위해서도 문학서적을 많이 읽고 유려한 글을 쓸 수 있는 역량을 갖추는 것이 크게 유리하다. 그러나 이런 실제적인 필요성 이전에 언론인으로서 혹은 교양인으로서, 인간에 대한 이해와 세상에 대한 철학을 풍부하게 하기 위해서도 문학서적 읽기와 글쓰기 연습은 평생의 습관이 되어야 한다.

본격적으로 저널리즘 문장을 공부하기 위한 전 단계로서 수필과 시, 소설이 지닌 문장의 향기와 매력, 감동, 위력 등을 살펴보기로 한다. 저널리즘 문장 공부를 이야기하면서 문학에 관해 지나치게 강조하는 것은 자칫 본말을 혼동하게 할 우려가 있다. 따라서 이 책에서 간략히 소개하는 셈이지만, 그럼에도 문학서적 읽기와 문학적 글쓰기 연습이 언론인 지망생에게 미치는 영향과 의미를 깊이 새겨두었으면 한다.

▪ 수필

우선적으로 권하고 싶은 수필은 장 그르니에Jean Grenier의 『섬』과 안톤 슈낙Anton Schinack의 『우리를 슬프게 하는 것들』, 조지 로버트 기싱George Robert Gissing의 『기싱의 고백』, 이상의 『권태』 등이다. 이 에세이들에는 우수·비애가 깔린 서정과 철학, 사색적 문장, 삶에 대한 깊이 있는 통찰 등이 지적이고 우아하게 교직되어 있다.

독일 문인 슈닉의 『우리를 슬프게 하는 것들』을 먼저 소개한다. 과거 우리 고등학교 국어 교과서에도 실리면서 명문으로 높이 평가받던 글이다. 우수 짙은 섬세한 시선과 명징한 감성으로 지난날의 작은 부분들까지 떠올리지만, 쓸쓸함과 우울을 넘어 심미적인 회상과 아름다운 환상에 이르게 하는 수필이다.

글의 구성을 보면 큰 줄거리를 염두에 둔 기승전결식이 아니라, 각각 독립된 크고 작은 이미지를 점묘법처럼 글 전체에 가득 깖으로써 우수적 회상으로 교직된 우아한 에세이가 되고 있다. '울고 있는 아이의 모습은 우리를 슬프게 한다'라는 첫 문장부터 평이하면서도 예리한 정서적 환기력을 지닌다.

첫 문장과 중간에 '횔덜린의 시, 아이헨도르프의 가곡' 등 짧고 간결한 한 문장만으로도 독립된 하나의 문단이 되고 있는 점도 글의 구성상 이채롭고, 또한 기억해둘 만하다.

　　울고 있는 아이의 모습은 우리를 슬프게 한다.

　　정원의 한 모퉁이에서 발견된 작은 새의 시체 위에 초가을의 따사로운 햇빛이 떨어져 있을 때, 대체로 가을은 우리를 슬프게 한다. 게다가 가을비는 쓸쓸히 내리는데 사랑하는 이의 발길은 끊어져 거의 한 주일이나 혼자 있게 될 때.

　　아무도 살지 않는 고궁. 그 고궁의 벽에서는 흙덩이가 떨어지고, 창문의 삭은 나무 위에는 '아이세여, 내 너를 사랑하노라……'라는 거의 알아보기 어려운 글귀가 쓰여 있음을 볼 때.

숱한 세월이 흐른 후에 문득 발견된 돌아가신 아버지의 편지. 편지에는 이런 사연이 쓰여 있었다. '사랑하는 아들아, 네 소행들로 인해 나는 얼마나 많은 밤을 잠 못 이루며 지새웠는지 모른다……' 대체 나의 소행이란 무엇이었던가. 하나의 치기 어린 장난, 아니면 거짓말, 아니면 연애사건이었을까. 이제는 그 숱한 허물들도 기억에서 사라지고 없는데, 그때 아버지는 그로 인해 가슴을 태우셨던 것이다.

동물원의 우리 안에 갇혀 초조하게 서성이는 한 마리 범의 모습 또한 우리를 슬프게 한다. 언제 보아도 철책을 왔다 갔다 하는 그 동물의 번쩍이는 눈, 무서운 분노, 괴로움에 찬 포효, 앞발에 서린 끝없는 절망감, 미친 듯한 순환, 이 모든 것은 우리를 더 없이 슬프게 한다.

휠덜린의 시, 아이헨도르프의 가곡.

옛 친구를 만났을 때. 학창시절의 친구 집을 방문했을 때. 그것도 이제는 그가 존경받을 만한 고관대작, 혹은 부유한 기업주의 몸이 되어, 몽롱하고 우울한 언어를 조롱하는 한낱 시인밖에 될 수 없었던 우리를 보고 손을 내밀기는 하되, 이미 알아보려 하지 않는 듯한 태도를 취할 때.

사냥꾼의 총부리 앞에 죽어 가는 한 마리의 사슴의 눈초리. 재스민의 향기. 이 향기는 항상 나에게, 창 앞에 한 그루 노목老木이 섰던 나의 고향을 생각하게 한다.

공원에서 흘러오는 은은한 음악 소리. 꿈같이 아름다운 여름밤, 누구인가 모래자갈을 밟고 지나가는 발자국 소리가 들리고 한 가닥의 즐거운 웃음소리가 귀를 간질이는데, 당신은 여전히 거의 열흘이나 다 되도록 우울한 병실에 누워 있는 몸이 되었을 때.

달리는 기차 또한 우리를 슬프게 한다. 어스름한 황혼이 밤으로 접어드는데, 유령의 무리처럼 요란스럽게 지나가는 불 밝힌 차창에서 미소를 띤 어여쁜 여인의 모습이 보일 때.

화려하고 성대한 가면무도회에서 돌아왔을 때. 대의원 제씨諸氏의 강연집을 읽을 때. 부드러운 아침 공기가 가늘고 소리 없는 비를 희롱할 때. 사랑하는 이가 배우와 인사할 때.

공동묘지를 지나갈 때. 그리하여 문득 '여기 열다섯의 어린 나이로 세상을 떠난 소녀 클라라 잠들다'라는 묘비명을 읽을 때. 아, 그녀는 어린 시절 나의 단짝 친구였지.

허구한 날을 도회都會의 집과 메마른 등걸만 바라보며 흐르는 시커먼 냇물. 숱한 선생님들에 대한 추억. 수학 교과서.

오랫동안 사랑하는 이의 편지가 오지 않을 때. 그녀는 병석에 있는 것이 아닐까? 아니면 그녀의 편지가 다른 사나이의 손에 잘못 들어가, 애정과 동경에 넘치는 사연이 웃음으로 읽혀지는 것이 아닐까? 아니면 그녀의 마음이 돌처럼 차게 굳어 버린 게 아닐까? 아니면 이런 봄날, 그녀는 어느 다른 사나이와 산책을 즐기는 것이 아닐까?

초행의 낯선 어느 시골 주막에서의 하룻밤. 시냇물이 졸졸 흐르는 소리. 곁방 문이 열리고 소곤거리는 음성과 함께 낡아빠진 헌 시계가 새벽 한 시를 둔탁하게 치는 소리가 들릴 때. 그때 당신은 불현듯 일말의 애수를 느끼게 되리라.

날아가는 한 마리의 해오라기. 추수가 지난 후의 텅 빈 논과 밭. 술에 취한 여인의 모습. 어린 시절 살던 조그만 마을을 다시 찾았을 때. 그곳에는 이미 아무도 당신을 알아보는 이 없고, 일찍이 뛰놀던 놀이터에는 거만한 붉은 주택들이 들어서 있는 데다, 당신이 살던 집에서는 낯선 이의 얼굴이 내다보고, 왕자처럼 경이롭던 아카시아 숲도 이미 베어 없어지고 말았을 때. 이 모든 것은 우리의 마음을 슬프게 하는 것이다.

하지만 우리를 슬프게 하는 것들이 어찌 이것뿐이랴. 오뉴월의 장의행렬葬儀行列. 가난한 노파의 눈물. 거만한 인간. 바이올렛색과 검정색, 그리고 회색의 빛깔들. 둔하게 울려오는 퐁소리. 징소리. 바이올린의 G현. 가을밭에서 보이는 연기. 산길에 흩어져 있는 비둘기의 깃. 자동차에 앉아 있는 줄세한 부녀자의 좁은 어깨. 유랑가극단의 여배우들. 세 번째 줄에서 떨어진 어릿광대. 지붕 위로 떨어지는 빗소리. 휴가의 마지막 날. 사무실에서 때 묻은 서류를 뒤적이는 처녀의 가느다란 손. 만월滿月의 밤. 개 짖는 소리. 크누트 함순의 두 세 구절. 굶주린 어린아이의 모습. 철창 안으로 보이는 죄수의 창백한 얼굴. 무성한 나뭇가지 위로 내려앉는 하얀 눈송이…… 이 모든 것 또한 우리의 마음을 슬프게 하는 것이다.

안톤 슈낙, 『우리를 슬프게 하는 것들』,
차경아 옮김(문예출판사, 1998), 9~12쪽.

앞서 말했듯이 저널리즘 글쓰기 공부를 하는 사람은 수필 작품에서 특히 소중하고 풍부한 자양을 취할 수 있다.

또 하나의 수필인 영국 문인 조지 기싱의 『기싱의 고백』의 앞부분을 간단히 소개한다. 이 글 또한 우리의 옛 문학 청년들이 스스로의 경험을 반추하듯이 따스한 공감과 애틋한 감동을 느끼며 애독했던 명문이다. 순수한 정신과 문화적 감수성, 인간적 위엄으로 자신의 궁핍과 비애, 불우를 헤쳐나간 기싱의 생애를 엿보게 하는 글이기도 하다.

일주일이 넘도록 펜에 손도 대지 않았다. 꼬박 이레 동안 나는 편지 한 장도 쓰지 않았다. 몸져누워 있느라 글을 쓰지 못한 적이 한두 번 있었지만 그런 경우를 제외하고는 일찍이 없었던 일이다. 내 일생으로 말하자면, 모든 사람의 일생이 마땅히 그렇듯 살기 위해 살았어야 했건만 실은 그렇지가 못했고 오직 두려움의 고통 속에서 살아야 했던 일생이었다.

돈을 버는 일은 당연히 어떤 목적을 이루기 위한 수단이어야 한다. 그런데도 열여섯 살 때부터 스스로 벌어서 살아야 했던 나는 지난 30년이 넘도록 돈벌이 자체를 목적으로 여기며 살지 않을 수 없었다.

나는 이 낡은 펜대가 나를 원망하고 있으리라고 상상할 수도 있다. 이 펜대는 그간 나의 문필생활을 위해 훌륭히 봉사해오지 않았던가? 이제 내가 행복해졌다고 해서 이 펜대가 먼지나 뒤집어쓰고 있도록 못 본 척해서야 되겠는가? 날이면 날마다 내 집게손가락에 놓여 있던 바로 그 펜이 아닌가? 그게 그러니까 몇 년 동안이던가?

적어도 20년은 될 것이다. 토턴엄 코트로路에 있는 어떤 가게에서 이 펜대를 사던 일이 아직도 기억에 새롭다. 이야기가 났으니 말이지, 그날 나는 문진文鎭도 하나 샀는데, 값이 1실링이나 되는 사치품을 사면서 몸을 떨었다. 그때는 새로

칠힌 비니시varnish 때문에 번쩍이던 펜대가 지금은 아래위 모두 수수한 갈색일 뿐이다. 펜대를 잡던 집게손가락엔 지금 굳은살이 박여 있다.

오랜 친구이자 오랜 적이기도 했지! 글을 써서 돈을 벌어야 할 필요성을 혐오하면서 머리와 마음이 무겁고 게슴츠레한 눈에 떨리는 손으로 펜대를 잡은 적이 얼마나 많았던가. 잉크로 더럽혀져야 했던 하얀 원고지들을 얼마나 두려워했던가.

무엇보다도 오늘 같은 날, 봄의 파란 눈이 장밋빛 구름 사이로 웃음 지어 보일 때면, 그리고 햇빛이 내 책상 위에서 번쩍이는 것은 보고 내가 꽃피는 대지의 향기랑 언덕 위의 낙엽송에서 피어나는 초록빛 싹이랑 구릉 위에서 노래하는 종달새가 그리워 거의 미칠 지경이 될 때면, 원고 쓰기가 어느 때보다도 두려웠다.

내가 열렬히 펜을 잡던 시절도 있었지만 어린 시절보다도 먼 옛날인 듯하다. 그때는 내 손이 혹시 떨렸다 하더라도 그것은 작가 생활에 대한 희망 때문이었다. 그러나 그 희망은 나를 배반하고 말았다. 왜냐하면 내가 쓴 글의 어느 한 페이지도 문학사 속에 살아남을 만한 것이 없기 때문이다.

지금은 물론 아무것도 원망하지 않으며 이런 말을 할 수가 있다. 그런 희망을 품은 것은 철없는 젊은 시절의 과오였고,

피치 못할 상황 때문에 그 과오를 계속 저지르지 않을 수 없었다. (후략)

조지 기싱, 『기싱의 고백』, 이상옥 옮김

(효형출판, 2000), 18~20쪽.

두 수필의 구성을 비교해보면, 분량이 길지 않은 『우리를 슬프게 하는 것들』은 많은 이미지를 모자이크 식으로 교직시켜 놓은 글이다. 이 수필은 독자에게 우수 어린 서정과 철학적 사유, 상상력을 환기시켜 준다.

이에 비해 책 한 권 분량인 『기싱의 고백』은 봄, 여름, 가을, 겨울 등 소주제를 따라가면서 아픔과 기쁨이 담긴 기억과 추억을 풀어나간다. 이 에세이는 스토리텔링적인 구성으로 삶에 대한 통찰력과 깊은 사색을 우미優美한 화법에 실어 전해준다.

유감스럽게도 수필 혹은 수상隨想에 대한 세인의 열정은 현대에 들어와 시나 소설에 비해 식어가는 것이 세계적인 추세이다. 그러나 저널리즘 문장 공부에는 여전히 유효하다. 넓은 의미에서 수필에는 시와 소설을 제외한 일기나 서간문, 기행문, 감상문, 설명문, 기사문, 논설문, 광고문 등 많은 실용문이 포함된다. 그러나 여기서 공부하고자 하는 분야는 경수필과 중수필 등 좁은 의미의 수필이다.

수필 쓰기로 다음 요령을 권하고 싶다.

가. 비범하지는 않더라도 진부하지는 않은, 인상적인 문장으로 시작한다.

나. 무형식이라도 자기 식의 지성과 감성이 담긴 구성을 한다.

다. 소설과 같은 형식은 따르지 않는다.

라. 지나치게 논리적인 전개를 피하고, 굳이 결론 혹은 결말을 강조하지 않는다.

마. 시작부터 끝까지 자기 나름의 개성과 향기를 유지한다.

▪ 시

당연한 얘기이지만 시도 많이 읽을수록 좋다. 시는 어휘력과 상상력을 풍부하게 한다. 예를 들면 정지용의 「유리창 1」, 「고향」, 김수영의 「헬리콥터」, 「폭포」, 폴 엘뤼아르Paul Eluard의 「자유」, 기욤 아폴리네르Guillaume Apollinaire의 「미라보 다리」 등에서 뉴스 문장에서 필요한 글의 간결미와 풍부한 상상력, 함축된 문장이 지닌 힘을 공부할 수 있다.

그중 프랑스 시인 엘뤼아르의 장시 「자유」를 본다. 독일 점령하에 있던 1942년 나치와 싸우는 프랑스 투사들의 초소 위에 뿌려지기도 한 시다. 강력한 정치성과 저항의지를 내장하고 있음에도 불구하고 이 시의 어휘들은 소박하고 애틋하며 친숙하다.
자유와 청춘, 저항정신이 우아하고 정교하게 짜여 있다.

나의 학습 노트 위에
나의 책상과 나무 위에
모래 위에 눈 위에
나는 너의 이름을 쓴다

내가 읽은 모든 책장 위에
모든 백지 위에
돌과 피와 종이와 재 위에
나는 너의 이름을 쓴다

황금빛 조상彫像 위에
병사들의 총칼 위에
제왕들의 왕관 위에
나는 너의 이름을 쓴다

밀림과 사막 위에
새둥우리 위에 금작화나무 위에

내 이런 시절 메아리 위에
나는 너의 이름을 쓴다

밤의 경이 위에
일상의 흰 빵 위에
약혼시절 위에
나는 너의 이름을 쓴다

나의 하늘빛 옷자락 위에
태양이 녹슨 연못 위에
달빛이 싱싱한 호수 위에
나는 너의 이름을 쓴다

들판 위에 지평선 위에
새들의 날개 위에
그리고 그늘진 풍차 위에
나는 너의 이름을 쓴다

(중략)

욕망 없는 부재不在 위에

벌거벗은 고독 위에

죽음의 계단 위에

나는 너의 이름을 쓴다

회복된 건강 위에

사라진 위험 위에

회상 없는 희망 위에

나는 너의 이름을 쓴다

그 한마디 말의 힘으로

나는 내 일생을 다시 시작한다

나는 태어났다 너를 알기 위해서

너의 이름을 부르기 위해서

자유여.

P. 엘뤼아르, 『이곳에 살기 위하여』,

오생근 옮김(민음사, 1976), 54~59쪽.

시를 쓰기 전에 우리는 늘 시상詩想을 잡기 위한 준비를 하고 있어야 한다. 시상은 어느 순간 심광처럼 다가오기도 하나, 대개는 부지런한 어부처럼 사유와 언어의 바다에 투망할 차비를 하고 있어야 마침내 내 그물로 들어온다.

시 쓰기의 요령으로 다음을 권한다.

가. 시상을 더듬어 그 갈래를 따라간다.
나. 참신한 이미지와 소재를 모은다.
다. 엉뚱한 전개, 생각 비틀기(데페이즈망^{depaysement})도 시도한다.
라. 서정성과 함축적 언어를 구사한다.
마. 비유(직유, 은유 등)와 풍부한 상상을 동원한다.
바. 언어와 이미지를 인내심 있게 기다린다.

■ 브레인스토밍 기법

수필과 시, 칼럼, 광고문안 등 많은 글쓰기에서 응용되고 있는 브레인스토밍^{brainstorming} 기법이 있다. 미국의 광고인 알렉스 오즈번^{Alex Osborn}이 1940년대에 창안한 기법으로 지금은 개인과 소규모 집단에서 널리 쓰이고 있다. 방법은 영감(인스피레이션)이나 기발하고 엉뚱한 생각 등을 거리낌 없이 마구 쏟아놓은 뒤 상호 연관성에 따라 재배치하고 구성하는 것이다.

자유로운 상상에서 나온 의견을 메모하거나 개진하며, 터무니없어도 적극적으로 수용한다. 따라서 비판은 배제하며 아이디어의 질보다는 양을 중시한다. 그 아이디어들을 여러 형태와 방식으로 조합해서 더욱 좋은 아이디어를 찾아내는 작업이다. 창의성이나 아이디어는 흔히 남이 쉽게 생각하지 못한 것에서 나온다.

■ 소설

군이 몇 편의 소설을 예로 든다면, 오 헨리O. Henry의 단편소설들과 알퐁스 도데Alphonse Daudet의 『별』, 헨리크 시엔키에비치Henryk Sienkiewicz의 『등대지기』 등 보석 같은 작품들을 먼저 다시 읽어보는 것이 좋겠다. 다음은 박경리의 『토지』, 최인훈의 『광장』과 『회색인』, 공지영의 『인간에 대한 예의』, 신경숙의 『외딴방』 등을 통해 문장과 역사, 현실 등에 대한 이해를 깊게 할 수 있을 것이다.

폴란드 소설가 시엔키에비치의 『등대지기』에 대해 이야기하고 싶다. 그는 빛나는 문학적 성취에 비해 국내에서는 널리 알려져 있지 않은 편이다. 국권을 빼앗기고 타국에 점령당한 적이 있는 국가와 민족은 모어에 강한 애착을 보인다. 그리 멀지 않은 과거에 우리와 함께 프랑스, 폴란드 등이 그러했다. 이 소설 역시 모국어에 내한 그리움과 애국심을 되새기게 하는 감동적인 단편소설이다. 그는 장편소설 『쿠바디스』로 노벨문학상을 받았다. 줄거리를 간단히 전한다.

조국을 떠나 40여 년 동안 방랑하던 백발의 스카빈스키 노인은 라틴아메리카 파나마까지 흘러들어, 외로운 섬의 등대지기가 된다. 찾아올 사람도, 찾을 사람도 없어 마치 죄수와 같은 생활을 자기 삶의 종착지처럼 받아들인다. 식량은 한 달에 두어 번 보급선이 실어다 준다.

어느 날 그에게 소포가 배달된다. 폴란드어로 된 몇 권의 책이다. 적지만 쓸 일도 없는 월급을 모아 미국의 폴란드협회에 기부한 적이 있는데, 책이 답례로 온 것이다. 오래도록 잊어버렸던 모국어를 읽는 동안 노인의 뺨에 눈물이 흘러내린다. 그리움과 서러움 속에, 책에서 어릴 적 친구와 고향의 소리가 들려온다. 노인은 책에 얼굴을 묻고 흐느끼며 황홀에 잠긴다.

등대를 밝히지 않은 채 하룻밤이 지났다. 그러나 등댓불을 켜지 않은 탓에 조난 사고가 나고 그는 해고된다. 노인은 또다시 방랑길에 올랐으나, 가슴에는 폴란드어 시집을 꼭 껴안고 있다.

소설을 실제로 쓰는 연습은 과도한 주문이 될 것이므로 생략

한다.

언론학도나 초년의 언론인이 빼놓을 수 없는 과정이 선배 언론인이 쓴 좋은 글을 읽고 배우는 것이다. 사설이나 칼럼은 현장 언론인을 거친 후 나중에 익혀도 되니까, 먼저 분량이 많은 객관적 보도 기사straight news나 우수한 기획 기사, 피처 기사feature story, 화제 기사 등을 공부하는 것이 좋다.

특히 어떻게 압축적이면서 흥미로운 도입 부분lead을 쓰고 어떤 전개과정을 거치는지 눈여겨보아야 한다. 그중에 무릎을 칠 만한 좋은 글은 밑줄도 치고 메모를 하고, 가치 있는 정보는 스크랩을 하는 습관도 기를 필요가 있다.

■ 구양수의 삼다훈三多訓

좋은 글쓰기를 위한 조언 중 가장 널리 알려진 것이 중국 송나라 때의 정치가 겸 문인이었던 구양수歐陽脩의 충고일 것이다. '많이 읽고 많이 쓰고 많이 생각하라多讀 多作 多商量'는 그의 삼다훈은 평범한 듯하면서도 탁월한 경구가 되고 있다.

여기에 덧붙이자면 누구나 잘 쓰려고 노력하면 좋은 글을 쓸 수 있다는 것이다. 누구나 부단히 노력하면 우수한 글을 낳게 된다. 바꿔 말하면 누구나 적당히 허투루 쓰는 것에 만족하면, 그에 상응하는 평범한 글이 나온다. 스포츠 선수들이 매 경기에 최선을 나해야 하듯이, 글 쓰는 이도 매번 최선을 디헤야 만족할 만한 글이 생산된다.

글쓰기를 위한 실전 공간으로 대학신문 등에 기고하는 것도 바람직하다. 투고한 글이 게재가 안 될 경우, 글을 고쳐 써서 다른 신문 등에 재투고하는 것도 하나의 자기 수련 과정이 될 수 있다.

일기 쓰기는 아주 유용하다. 일기가 단지 글을 잘 쓰기 위한 수단처럼 치부될 수는 없지만, 자신의 내면을 성찰하고 주변 상황을 냉철하게 응시하는 과정을 통해 글쓰기를 한 단계 끌어올릴 수 있다. 일기 쓰기는 별도의 발표 공간이 없어도 되는, 나만의 훌륭한 수련장이다. 다만 일상이라도 그 이면을 들여다보고 사유와 성찰의 세계로 나아가지 않는, 즉 평범하게 하루 일정을 나열하는 데 그치는 일기 쓰기는 큰 도움을 줄 수 없다.

뉴스 문장에서도 품격과 글의 맛을 살리는 것이 중요하다. 그러나 좋은 시나 수필, 우수한 소설에서 보듯이 그 글들은 어렵고 현학적인, 혹은 언어적 유희의 현학적인 말을 많이 동원해서 높은 경지에 이른 것이 아니다. 그것들은 평이한 어휘에 실려 있지만 깊고 신중한 사고를 통과한 산물이다.

2. 무엇이 기사인가

기자로서 취재 현장에 섰을 때 무엇을 취재할 것인가를, 무엇이 기삿거리인가를 스스로 판단해야 한다. 초보 언론인일 경우 특히 이 단계가 쉽지 않다. 광야에 던져졌으나 도와줄 사람도 전혀 보이지 않는 것 같기 때문이다. 그러나 사회 전반의 현상에 대한 깊고 따듯한 시선과, 현상을 넘어서고자 하는 문제의식을 지니고 있으면 기삿거리 찾기가 어려운 것만은 아니다.

먼저 떠오르는 것이 '개가 사람을 물면 기삿거리가 안 되지만, 사람이 개를 물면 기삿거리가 된다'는 재래적 정의다. 이례적이고 특이하며 비정상적인 사례에 초점을 맞춘 개념이다. 점잖은 예는 아니지만, 빠르게 이해되는 말이기는 하다. 여기에 '사람 사이에 화젯거리가 되는 것', '독자를 놀라게 하는 것', '돈에 관한 것' 등의 정의도 덧붙여진다.

뉴스 가치를 높여주는 속성으로 충격성, 시의성, 저명성, 기이성, 근접성, 문제성, 변화성, 상충성 등이 꼽히고 있다. 권위 있는 언론일수록 이런 속성을 바탕으로 시대적·이념적 흐름을 신중하고도 충실히 반영하고 있다.

3. 기사의 유형

기사라 하더라도 일률적인 문체로 쓰이거나 전달되는 것은
아니다. 사건이나 사고, 사안에 따라 기사의 유형과 글의 분위기
가 달라진다. 예고 없이 만나게 되는 다채로운 상황을 무리 없이
기사화하기 위해서는 기사의 유형을 알아두는 것도 필요하다.

가. 사건이나 사고 등 정보 전달과 사실에 충실한 기사
나. 행정부처나 법원, 단체 등과 관련된 발표 성격의 기사
다. 세태고발 혹은 개탄 기사
라. 문화예술 정보 등의 분석적이거나 학구적인 기사
마. 훈훈한 감동을 주는 미담 기사 혹은 화제 기사
바. 스포츠, 연예 등 기쁨과 즐거움을 주는 기사
사. 부음 등 비장한 기사

'좋은 기사'는 여러 모습을 지닌다. 그러나 모든 기사는 문법
에 충실하고 진실 추구에 대한 열정, 내용에 대한 정확한 이해,
풍부한 취재 등이 전제가 된다.

가. 진실 보도의 노력과 설득력 있는 기사

나. 독자에게 올바른 판단 근거와 자료를 제공하는 기사

다. 사유의 폭을 넓혀주는 기사

라. 아름답고 정감 있는 기사

마. 시의성을 잘 살린 기사

바. 사회적 파장이 예상되는 특종기사

좋은 기사 '쓰기'의 전제 조건으로 다음과 같은 점을 늘 염두에 두어야 한다.

가. 정확하고 분명한 표현과 인용

나. 기사의 방향성과 구성에서의 냉철한 균형 감각

다. 핵심과 주제에 대한 성실한 설명

라. 상투적이고 진부한 표현은 피할 것

마. 개탄과 분노를 표현하더라도 절제되고 엄정할 것

바. 접속사의 남발을 피해야 깔끔하고 경제적인 글이 됨

사. 간결한 문장과 문단 나누기

그러나 간결한 문장에도 한계는 있다. 읽기 편하고 경쾌하지만 인정미 없는 느낌을 줄 우려가 있다. 따라서 사안에 따라 때로는 긴 호흡으로 유장한 문장을 쓰는 것도 필요하다.

참고로 말하면, 《뉴욕타임스》 등 세계적으로 알려진 권위지의 문장은 대부분 신중하고 엄격한 것으로 평가되고 있다.

언론사 생활은 늘 시간과의 싸움이다. '마감시간에 쫓기지 않은 명문 없다'는 농담조의 말도 전해 온다. 하여 시간에 쫓기면서도 자기 식의 개성적 표현을 계속해 나가야 글 실력이 향상된다. 객관적 보도 기사에는 기자의 주관적 주장을 담지 않는 것이 현재 우리 언론의 관습이다. 그러나 다소 긴 글(대략 1,000자 이상의 글)을 쓸 때는 작더라도 주제나 핵심에 대한 필자의 평가나 해석을 보여주는 것이 바람직하다. 그렇지 않으면 글이 평범하고 밋밋한 느낌을 주기 쉽다.

뉴스 문장에서는 '쉬운 것(분야)은 어렵게, 어려운 것은 쉽게' 쓸 필요가 있다. 체육, 문화 기사 등은 쉽고 부드럽게 쓸 수 있는 글이다. 그러나 평범한 말로만 쓰면 문장이 싱거워진다. 쉬운 문장을 중심으로 쓰되, 때로는 현학적 표현, 사유하는 문장 등으로 간을 맞추는 감각도 필요하다.

반대로 경제, 환경, 과학 기사 등은 용어부터가 접근하기 어렵다. 평이한 말로 풀어 간을 맞춰야 친절한 기사가 된다. 정치, 사회 기사는 중간에 해당한다고 볼 수 있다.

화가 장욱진은 학생의 실기를 지도할 때 "네 그림은 싱겁다" "네 그림은 너무 짜다" 등으로 평하곤 했다. 학생들은 그 말을 들고 자신의 작업을 보완했다고 한다.

사설, 칼럼 등의 논평 기사에는 또 다른 유의점이 있다. 주장을 펴다 보면 고답적이거나 권위주의적인 문체에 의존할 개연성이 높다는 것이다. 권위주의적이고 현학적인 글보다는 이해하기 쉽게 간결하고 분명한 주장을 해야 독자의 공감을 더 많이 얻는다. 경험 많은 언론인으로서 품위를 잃지 않고 균형 잡힌 시각과 문장을 구사해야 한다.

미국식 전통에 가까운 우리 언론에서는 객관적 보도 기사를 쓸 때 기자의 판단과 주장을 직접 드러내지 않는 관습을 존중한다. 판단과 주장, 즉 의견을 붙여줄 필요가 있을 때는 주로 전문가나 관련자, 목격자 등의 말을 인용한다. 이는 기사의 객관성과 공정성을 유지하기 위한 장치이다.

특히 진정성이 의심스러운 기사를 내보내야 할 경우, 여러 취재원의 말을 인용하는 것이 안전성을 확보하기 위한 최소한의 장치가 된다. 언론 수용자는 언론이 보도하는 사실을 제2의 현실Second Reality로 받아들이기 때문이다. 그러나 유럽 언론에서는 언론의 사명과 사회적 책임을 존중하기 위해서 기사 말미에 기자의 주관적 판단과 주장 등을 함께 싣기도 한다.

저널리즘의 수용자가 대중임을 감안하여 논문이나 보고서 등에서 자주 사용하는 한자식 표현을 쉽고 친숙한 말로 바꾸는 것이 바람직하다. 예를 들면 **토로하다**(→ 말하다, 강조하다 등으로 바꾸는 것이 좋음), 야기하다(→ 불러일으키다), 위치하다(→ 있다), 금주(→ 이번 주), 수일 전(→ 며칠 전) 등이 그러하다.

기사 쓰기 연습에서 여러 번 강조하는 점은 다음과 같다.

- 글을 짧게 끊어 간결한 문장을 쓰고, 문단도 길지 않게 할 것
- 도입 부분(리드)을 매력적으로, 종결 부분을 인상적으로 할 것
- 객관적 보도 기사(스트레이트 기사)와 주장, 의견 등을 담은 논평 기사를 구분할 것
- 같은 단어의 중복 사용을 피하고, 한자식 표현을 적게 할 것
- 그리고, 그러나, 따라서 등의 접속사 사용을 가능한 한 자제하여 글을 경제적이고 속도감 있게 할 것
- 복수 표현도 최대한 삼갈 것(국민들 → 국민, 대중들 → 대중, 학생들 → 학생)
- '~기에' 등 지나치게 옛날식의 표현을 현대적이고 구어체 단어로 대신할 것(~기에 → ~기 때문에, ~이므로, ~이어서)

4. 기사 구조의 유형

기사 구조로 흔히 세 가지 유형을 꼽고 있다. 기사의 성격에 따라 독자에게 정보를 빠른 시간 내에 효과적으로 제공하기 위해서다.

■ **표준 역피라미드형** standard inverted pyramid form

기사 첫머리에 핵심climax인 도입 부분(리드)을 먼저 제시한 다음 본문에 보충 사항과 세부 사항 등을 중요도에 따라 기술하는 형태다. 주로 객관적 보도 기사에 많이 쓰인다. 바쁜 독자들을 위해, 또는 편집의 편의성을 위해 핵심을 요약해서 앞에 배치한다.

■ **피라미드형** pyramid form

발단에서 시작하여 시간적 또는 논리적 순서로 서술한 후 끝에서 결론을 내는 형태다. 보도 기사보다는 피처 기사나 해설 기사에 많이 쓰인다. 독자의 관심을 지속적으로 끌고 갈 수 있는 장점이 있기 때문이다.

■ **변형 역피라미드형** modified inverted pyramid form

앞의 두 형태를 혼합한 형식이다. 표준 역피라미드형처럼 리드는 처음에 쓰되 본문은 피라미드형처럼 시간적 혹은 논리적 순서로 전개하는 형태다. 피처 기사에서 흔히 사용한다.

5. 문학적 글쓰기를 바탕으로 한 외국의 우수 기사

문학적 글쓰기는 분량이 작은 1~2단짜리 객관적 보도 기사(스트레이트 기사)를 제외하고는, 거의 모든 기사에서 큰 위력을 발휘한다. 문학적 요소는 기사에 구체적이고 인간적인 느낌을 줌으로써 독자와의 거리를 가깝고 친숙하게 만든다.

주의할 점은 과다하게 문학적 기교를 부릴 경우, 오히려 글의 신뢰도와 품격을 떨어뜨릴 수도 있다는 것이다. 좋은 기사란 문학성을 바탕으로 간결하고 정제된 기사다.

문학적 기사 쓰기를 위한 제작 바탕이 마련되어 진가가 발휘되는 곳은 미국과 유럽의 언론이라고 말할 수 있다. 넓은 신문 지면에 사건에 대한 심층보도가 따르면서 깊이 있는 언론문화를 이뤄왔기 때문이다. 퓰리처상이나 신문편집인협회상 수상 기사 등을 보면 문학적 유려함이 감탄스럽다.

1996년 미국의 권위 있고 저명한 퓰리처상을 받은 ≪뉴욕타임스≫ 소속 로버트 맥패든Robert McPadden 의 현장 보도 부문 수상 기사들을 보기로 한다. 그는 굵직한 사건을 숱하게 취재한 경력 30년이 넘는 중진 기자다. 그러나 청년같이 발랄하고 섬세한 문학적 감수성이 넘치는 그의 글은 우수한 기사의 한 전형을 보여준다.

먼저 ≪뉴욕타임스≫ 1995년 2월 6일 자에 실린 "희귀조 대탈출"이라는 기사다.

브롱크스 동물원의 자랑거리로서, 우아한 아치가 아름다운 19세기 대형 새장이 지난 토요일의 엄청난 눈보라로 인해 쌓인 눈의 무게를 이기지 못해 무너졌다. 그 바람에 수십 마리의 진귀한 야생조가 밖으로 날아가 버렸다.

엄청난 규모의 철근 더미가 바위와 연못, 조약돌로 꾸며진 인공섬이자 새들의 보금자리로 무너져 내린 순간을 목격한 사람은 아무도 없다. 이번 사고로 죽은 새는 없으며 단 한 마리가 부상을 입었을 뿐이다. 철근 더미 밑에 갇혀 있던 새들은 모두 구조됐다. 마젤란 펭귄, 가마우지, 검은머리 물떼새 등은 곧 잡혔다. 이어 동물원 관계자들은 그물 등 장비를 갖추고 즉각 포획작업에 나섰다. 그러나 적어도 잉카 제비갈매기, 회색 갈매기 등 33마리는 탈출한 것으로 보인다.

밖으로 날아오른 새들은 곧 강한 바람에 떠밀려 그동안 지내온 작은 인공의 세계로부터 험한 세상으로 보내졌다. 이제부터 새들은 도시의 억센 바다갈매기, 까마귀 등과 치열한 생존경쟁을 벌여야 하게 됐다.

동물원의 도널드 브루닝 박사는 "이날은 매우 슬픈 날"이라고 말했다. 100년 이상의 전통을 자랑하는 새장이 파괴돼버린 것이다. 동물원 관계자들은 "곧 탈출한 새들을 포획하기 위한 수색작업에 나서겠다"고 밝혔다. "이를 위해서는 조류 전문가와 시민의 제보가 필요하다"고도 전했다. (중략)

달아나 버린 새들은 바깥세상의 경험이 거의 없다. 동물원 관계자들은 이에 따라 혹시 새들이 굶주린 끝에 먹이를 찾아다시 돌아올지도 모른다는 한 가닥 희망을 가지고 있다. 물론 너무 멀리 날아가 버렸다면 다시는 돌아오지 못할 수도 있다. 관계자들은 인근에 작은 물고기 등 먹이를 뿌려놓으며 탈출한 새들을 유인하려 하지만 기껏 모여든 새들은 동네 까마귀뿐이었다. (후략)

윤석홍 · 유선영 외, 『언론상과 우수기사(해외편)』

(한국언론연구원, 1997), 28~29쪽.

맥패든은 이어 당시의 풍향과 풍속 등을 자세히 전하며, 새들이 멀리 떠밀려갈 수밖에 없었기 때문에 다시 포획될 확률은 거의 없다고 추정하고 있다. 또 오래된 새장의 역사와 구조 등을 소개한 후 천장을 받치는 철근에 대한 보수공사를 벌이지 않아 사고가 발생했다고 진단한다. 그는 희귀조 감식법을 안내하며 비슷한 새를 목격했을 경우 신고해 달라고 당부하기도 한다. 자칫 딱딱하기 쉬운 '동물원 내 새장 파괴'라는 사고를 문학적으로 접근하여 안쓰럽지만 훈훈하고 재미까지 있는 화젯거리가 되게 한 것이다.

맥패든은 시민 168명의 목숨을 앗아간 오클라호마 시 연방청사 테러 사건도 취재했다. 1995년 4월 19일 발생하고 티머시 맥베이Timothy McVeigh(29세)가 범인으로 지목된 이 차량 폭탄 사건은 당시까지 미국에서 사상 최악의 테러였다. 가공할 사건이 발생하자 ≪뉴욕타임스≫ 기자들은 사건의 전모를 파악하기 위해 전국을 무대로 긴급 취재에 나섰고, 맥패든은 여러 관계자들의 인터뷰를 종합하여 사건을 재구성했다.

5월 4일 자에 실린 맥패든의 이 "오클라호마의 공포" 기사는 맥베이가 누구이며 왜 이 같은 범죄를 저질렀는가 하는 데 초점을 두고 있다. 용의자 맥베이의 범죄 분석과 심리 연구에 몰입함으로써 그에 대한 선입견을 가능한 한 배제하고 중립성을 견

지하고자 한 기사다. 다음은 긴 기사에서 도입부에 해당하는 글이다.

오클라호마 시 폭탄 테러 사건 발생 3주일 전쯤인 3월 31일, 낡은 폰티악 한 대가 애리조나 주 킹맨의 66번 도로 인근 임페리얼 모텔 주차장으로 들어섰다. 그리고 군인 같은 용모의 티머시 제임스 맥베이가 차에서 내려 방을 빌렸다.

그는 검은 군화를 신고 있었다. 머리는 짧게 깎고 있었다. 초록색 잡낭을 들고 있는 맥베이의 긴 얼굴에는 표정이 없었다. 그러나 행동거지 하나하나가 군인 출신임을 확실하게 말해주고 있었다.

그리고 12일이 넘게 맥베이는 방 안에 가만히 앉아 있었다. 방문객도 없었고 전화도 걸지 않았다. TV도 보지 않는 듯했다. 모텔 주인은 "가만히 앉아 상념에 빠져 있는 듯한 맥베이가 무척 신기했다"고 전했다.

맥베이는 언제나 생각에 골똘히 빠져 있는 타입이었다. 그는 총과 위험, 고독을 사랑했다. 맥베이는 '가치를 잃어버린 채 타락에 빠진 미국이라는 나라를 구해보겠다'는 의지에 사로잡혀 있는 청년이었다.

4월 12일, 맥베이가 드디어 모텔 밖으로 움직였다.

4월 17일, 맥베이는 캔자스에서 트럭 한 대를 빌렸다.

4월 19일, 트럭은 오클라호마에서 폭발했다.

지금까지 오클라호마 폭탄 테러의 유일한 용의자로 체포된 맥베이는 스스로를 '전쟁포로'로 부르며 입을 꾹 다물고 있다. 평생 그랬듯이 감옥에서도 침묵을 지키고 있다. 맥베이는 계속해서 수수께끼로 남아 있다. 그러나 88년에서 91년까지의 군대생활, 혹은 그 전후 그를 알고 지낸 수십 명의 증언을 검토해보면 총에 집착하고 흑인을 증오하며 늘 혼자 지냈던 맥베이란 인물의 그림이 확연히 떠오른다. (후략)

윤석홍 · 유선영 외, 『언론상과 우수기사(해외편)』

(한국언론연구원, 1997), 35~36쪽.

맥패든은 긴 글의 도입부에 걸맞게, 간결하면서도 소설같이 정제된 묘사로 기사를 시작하고 있다. 4월 12일과 17일, 19일의 상황을 각각 한 줄로 집약함으로써 상황을 성큼성큼 가로질러 가듯이 종합한 글쓰기도 대기자답다. 이런 분위기의 리드를 읽으면 독자도 글의 전개에 따라 맥베이라는 수수께끼의 위험한 인물을 좀 더 냉철하고 치밀하게 들여다보기 시작할 듯하다.

퓰리처상과 함께 권위를 인정받는 미국신문편집인협회상 수상 기사 역시 개성 있는 글들이다. ≪마이애미 헤럴드≫가 18명의 취재진을 구성하여 보도한 장애아동용 학교버스 납치사건 기사가 1996년 팀 데드라인 보도 부문에서 수상했다. ≪마이애미 헤럴드≫가 그 전해인 1995년 11월 3일 자로 보도한 "학교버스를 덮친 테러" 기사다.

　　시인 에머슨을 좋아하는 한 웨이터가 자신이 다니는 교회의 아침기도에 참석한 후 길 건너에 서 있던 학교버스를 납치했다. 1만 5,639.39달러의 추징세금 때문에 스스로 "폭탄"이라고 주장하는 물체를 휘두르며 범인 카탈리노 생은 장애아들을 마음대로 가지고 놀았다. "시키는 대로 하라"고 말한 그는 "말을 듣지 않으면 아이들을 죽이겠다"고 위협했다. "걱정 말아요. 그렇게 하겠어요"라고 운전기사 앨리사 채프먼은 기민하고 침착하게 말한다. "그러나 제발 아이들만은 다치게 하지 말아요."

　　블루 레이크 초등학교로 향해 가던 다드 카운티 학교버스 CX-17호의 수난은 이렇게 시작되었다. 곧바로 한 무리의 차량들이 촘촘히 행렬을 이룬 채 죄 없는 아이들이 탄 버스 옆을 따라간다. 절박해진 두 명의 학부모들도 자신의 차에 뛰어들어 추적에 동참한다. 이들 행렬에는 다드의 장학관 옥타비오 비시에도도 역시 자신의 검은색 뷰익을 타고 가담한다.

누군가가 자신의 학생 13명을 납치한 것이다.

시속 20마일로 움직이면서 6인치도 채 안 되는 간격으로 버스를 따라붙고 있는 한 기마경관은 자신의 휴대전화를 버스 안으로 던졌다. 경관 존 코치는 "죽을 정도로 무서웠다"고 말했다. "그러나 할 일을 해야 한다. 내겐 어린 딸이 있다. 세 살이다. 그 애는 나의 생명이다."

소식이 퍼져 나간다. 업무는 중단되고 그 지역은 잠시나마 공포로 얼어붙는다. 차를 운전하던 사람들은 경악 속에 이 행렬을 바라본다. 사무실 근로자들은 창문 쪽에 모여들어 시속 15마일의 저속으로 진행되는 추격전을 지켜본다. 어찌되었든 O. J. 심슨과 영화 〈스피드〉를 섞어놓은 이 오디세이는 여기 사우스 플로리다에서 텔레비전 생중계를 통해 전국에 그 전모를 드러내고 있다.

결국, 이 사건은 95분 만에 세계에 널리 알려진 장소 조스스톤 크랩 밖에서 끝났다. 이름이 데링거인 경찰 저격수의 총격과 산산이 깨어진 유리, 그리고 어린 인질들을 구하기 위해 위험 속으로 뛰어든 경찰들에 의해 끝이 났다. (후략)

윤석홍 · 유선영 외, 『언론상과 우수기사(해외편)』
(한국언론연구원, 1997), 252~253쪽.

이 기사는 사건 종료 상황을 좀 더 묘사한 뒤 범인의 범행 동기와 여성 운전기사 채프먼의 영웅적 행동, 경찰들의 침착하고 결단력 있는 대응과 성과 등을 자세하고 감칠맛 나는 문체로 그려나가고 있다. 또한 첫 문장에 R. W. 에머슨Ralph Waldo Emerson을 등장시키고 뒷부분에는 그의 시 「성공」의 한 부분 "깊디깊은 생각 또는 열정은 광석처럼 잠자고 있다/ 한 진실한 마음과 영혼에 의해 발견될 때까지"를 인용한 이 기사에서도 미국 기자들의 문학적 기사 쓰기에 대한 애착을 읽을 수 있다.

1989년 신문편집인협회상을 수상한 ≪뉴욕타임스≫의 프랜시스 클라인스Francis X. Clines 기자의 글도 문학적 수사에 빛나는 기사였다. 벨파스트의 IRA(아일랜드 공화국군) 대원의 죽음을 다룬 기사였다.

교회 뜰에 안치된 관들 사이를 빨간 머리 캐서린 퀸은 8년간의 전 생애를 통틀어 가장 흥분된 채로 부끄럼도 없이 여기저기 너풀거리며 뛰어다녔다. "아저씨, 저 오늘 밤 TV에 나올 거예요"라며 낯선 사람에게 말을 걸고는 행복한 듯 가늘게 곁눈질을 하며 새침을 떨었다.

모두가 교회 안에서 차례로 혁명반군의 주검에 기도하듯 작별인사를 하고 있는 동안에 오빠의 자전거를 끌고 있는 캐

서린의 무릎은 피가 살갗이 된 듯 말라붙어 있었다.

곧이어 카메라들이 유리창도 없는 교회 요새 밖으로 나와 관들이 소박한 작은 마을의 구불구불한 길을 내려가 공화파 반도들을 위해 헌정된, 무덤이 끊임없이 늘어나고 있는 묘지로 운구되는 것을 지켜보았다.

오늘 시 IRA의 장례식에서는 섬뜩한 폭력이 자행되었다. 민간인 복장에 무장한 영국 군인 두 명이 차를 몰고 공포에 질린 조문객들 사이로 지나갔고, 이내 붙잡혀 구타당한 후 끝내 총에 맞아 죽고 말았다.

윤석홍 · 유선영 외, 『언론상과 우수기사(해외편)』

(한국언론연구원, 1997), 203쪽.

클라인스 기자는 6하원칙에 따르지 않았다. 막 바로 관 위를 넘나드는 철없는 소녀를 첫머리에 등장시켜 그 뒤의 비극적 상황과 대비시킨다. 이렇듯 시적으로 시작된 기사는 다음 문장부터 단순하고 힘차게 주변을 묘사해 나간다.

기자는 우수한 기사를 쓰기 위해 리드에서부터 많은 정성을 기울인다. 광고문처럼 기사에서도 앞부분에서 독자의 더 많은 관심을 끌고 다음 글로 유지시켜야 한다. 이것에 성공하지 못하면 독자의 눈길은 다른 기사로 옮겨가기 십상이다.

신문편집인협회상은 1979년 제1회부디 문학적인 기사가 수상했다. ≪스탠더드 타임스≫의 E. S. 앨런E. S. Allen 기자는 창의적이고 탁월한 문장력이 인정되어 수상자가 되었다. 그는 초년 기자 때부터 뛰어난 문장을 구사해왔다고 한다. 초년 때 그가 쓴 한 화재 사건의 리드는 '10개의 소방차 물줄기가 소이어 거리의 밤을 휘저었다'고 되어 있다. 화재 사건의 사실성을 살리면서 영상미 있게 보여준 것이다.

1993년도 수상 기사인 ≪루이빌 쿠리어 저널≫의 마이클 제닝스Michael Jennings 기자의 5부작 '아버지를 찾아서' 역시 문학적 접근의 위력을 보여준 기사였다. 유아 때 어머니를 버리고 자취를 감춘 생부를 4년간의 추적 끝에 찾아 만나는 자신의 이야기를 쓴 것이다. 그는 이미 몇 편의 단편소설을 발표한 작가이기도 하다.

3

사회부 기사

사회부 기사 쓰기는 모든 분야에 관한 기사 쓰기의 바탕이고 출발이라고 할 만하다. 사회부 기사를 잘 쓰면 다른 부서의 기사도 잘 쓸 수 있다는 얘기이다. 사회부 기사의 폭과 범위가 그만큼 넓고 깊고 다양하고 극적이기 때문이다. 또한 그런 까닭에 쓰는 데도 흥미롭고 보람도 느끼지만, 잘 쓰기도 쉽지 않다.

대부분의 언론사는 신입 기자를 사회부에서 일정 기간 동안 수련을 거치게 한다. 다채롭고 극적인 사건·사고 등이 젊은 열정과 에너지를 필요로 하기도 하지만, 사회부 근무를 통해 기사쓰기의 기본을 익히고 사회의 복잡한 이면을 들여다보게 함으로써, 언론인의 자질을 성숙하게 만들기 때문이다.

사회부 사건기자(경찰서 출입 기자)는 기자의 원형이 가장 순수하게 유지되고 있는 분야라고 말할 수 있다. 사건기자는 예리한 감각과 판단력, 열정, 추진력을 필요로 한다. 언제 어디서 예기치 못한 사건이 기다리고 있을지 알 수 없기 때문에 항상 긴장하고 있어야 한다. 언론사의 비상 대기조인 셈이다.

사건기자들은 늘 긴장하지만 중대한 사건을 무난히 취재하고 난 뒤에는 그만큼 성취감도 크다. 큰 사건은 여러 명이 팀을 이뤄 취재하게 되는데, 상황이 종결된 뒤에는 복잡하고 치밀한 작업과정을 통해 스스로 취재와 기사작성의 역량이 성숙해졌음도 느끼게 된다.

복잡한 사고나 사건일수록 기자는 철저한 확인을 거치며 치밀하게 취재하여 균형 감각을 잃지 않아야 한다. 또 자기 독단에 빠지지 않아야 하며, 이해가 얽힌 취재원들이 만들어내기도 하는 언론 플레이도 경계해야 한다.

중대한 사건이나 사고 기사에는 객관적 보도 기사(스트레이트 기사)와 스케치 기사, 해설 기사, 인터뷰 기사 등이 함께 동원되어 전체 윤곽을 전하게 된다.

1. 객관적 보도 기사와 피처 기사

기사는 크게 객관적 보도 기사straight news story와 피처 기사 feature story로 나뉜다.

객관적 보도 기사(스트레이트 기사)는 사실을 그대로 보도하는 기사다. 따라서 보도하는 사실 자체가 뉴스가 된다. 사건, 사고와 관련한 스트레이트 기사는 정확하고 공정하게 기술되어야한다. 또한 누구의 말을 인용할 경우 직접 인용이어야 한다.

피처 기사는 객관적 보도 기사를 제외한 모든 기사를 가리킨다. 피처 기사에는 객관적 보도 기사와는 달리 기자의 주관이 개입된다. 피처 기사에는 사건의 배경과 원인, 의미, 전망 등을 기술한 해설 기사interpretative story, 특정 사안이나 장소에 대한 흥미로운 화제 또는 문제점을 파헤치기 위한 기획 기사, 독자에게 감동을 주기 위한 미담美談 기사 등이 있다.

객관적 보도 기사이든 피처 기사이든 모든 기사는 대개 상황 파악 — 1차 취재 — 윤곽 잡기 — 2차 추가 취재 — 원고 정리 — 수정 등의 순서로 쓴다. 구체적으로는 다음을 고려하게 된다.

가. 사고나 사건의 비중을 판단한 후, 취재 방향과 기사 분량을 정한다.

나. 별도의 리드를 쓸 만한가

다. 사건 발생 중심인가, 인물 중심으로 쓸 것인가.

예: 피해자나 가해자, 혹은 둘 다

라. 경찰 수사, 소방서 조사 등에 의존할 수도 있다.

마. 목격자나 관계자, 전문가의 진술, 인용은 어디에 배치할까? 인용은 기사에 현장감과 신뢰감, 생동감을 준다.

바. 경찰 수사와 조치를 써야 할 것인가.

사. 학생들은 스트레이트 기사 끝에서 자기주장을 펴는 경우가 많으나, 국내 언론에서는 주장이 필요할 경우 대부분 이를 관련자의 말을 인용하는 것으로 대신하고 있다.

사회부 기사에서도 문학적 기사 쓰기는 중요하다. 아니, 중요하다는 말로는 부족하다. 사회의 구석구석을 파고들고 이면을 비추는 사회부 기사야말로 문학적 기사 쓰기가 가장 빛을 발할 수 있는 성격의 사건과 사고, 화젯거리라는 점을 강조하고 싶다.

문학적 기사 쓰기에 대한 감각과 전통의 차이를 느끼기 위해, 한국과 미국의 대형 화재사고에 대한 기사를 임의로 선택해 비교해보기로 하자. 먼저 새뮤얼 프리드먼Samuel Freedman의 『미래의 저널리스트에게』에 소개된 ≪뉴욕타임스≫ 기사의 앞부분이다.

가설된 지 100년이 된 노후한 대형 수도관이 어제 오전 11시 뉴욕 5번가에서 터졌다. 그 결과 주변을 지나가던 차량들이 물에 잠기고, 하수 구멍은 물로 넘쳐나는 바람에 대혼란이 빚어져 이 일대는 물의 도시 베네치아로 변해버렸다. 몇 시간 뒤 '길거리의 강물'이 빠져나갈 즈음 대형 도시가스 관이 폭발했고, 그 충격파로 생겨난 거대한 분화구에서는 노란색 화염이 하늘을 가렸다.

인접한 19번가까지 일부 피해를 준 연쇄 폭발로 인한 '물과 불의 날'의 스펙터클에도 불구하고 인명피해는 없었다. 하지만 이 일대 여러 블록에 걸쳐 대형 건물 1층 로비, 빌딩 지하실 그리고 가게들이 물 피해를 입었고, 40여 명의 주민이 긴급 대피했다. 이와 함께 기업 사무실 수백 곳이 시한부 폐쇄를 했으며 뉴욕 지하철이 불통됐는데, 주민은 가스공급 중지, 정전, 전화 불통으로 인해 고통을 겪었다. (후략)

새뮤얼 프리드먼, 『미래의 저널리스트에게』, 조우석 옮김
(미래인, 2008), 197~198쪽.

다음은 1979년 7월 26일 서울 강남에서 발생한 화재사고를 다룬 한 조간신문 기사의 앞부분이다.

26일 새벽 0시 55분께 서울 강남구 압구정동 한양아파트 7동 앞 지하 LP가스 저장소가 폭발, 7동 경비원 고일구 씨(47) 등 20여 명이 중경상, 7동과 11동, 3동의 유리창 1천여 장이 모두 박살 났다. 이날 폭발로 아파트 주민 1천여 명이 '쾅' 하는 폭발음과 함께 잠에서 깨어 잠옷 바람으로 대피하는 등 큰 소동을 빚었다. 이날 사고는 7동에서 10m쯤 떨어진 녹지대 지하에 있는 용량 10톤짜리 LP가스 저장소에서 발생했는데 경찰은 정확한 사고원인과 피해를 조사 중이다.

7동 경비원 고일구 씨에 의하면 이날 0시 55분께 경비실에서 잠을 서둘고 있는데 갑자기 '쾅' 하는 폭발음과 함께 시뻘건 화염이 하늘 높이 치솟았다는 것. 고 씨는 순간적으로 7동 앞에 있는 지하 가스저장소가 폭발한 것으로 직감, 10여m 떨어진 지하저장소로 달려갔으나 불길 때문에 접근하지 못했다. 고 씨는 지하저장소 관리실에 평소 2명의 관리인이 잠자고 있어 모두 숨지지 않았나 걱정된다고 말했다. (후략)

≪한국일보≫(1979.7.26)

우선 앞의 기사는 시간 여유를 갖고 작성되었다. 때문에 문학적 비유와 수사로 매력적인 기사를 만들 수 있었다. 뒤의 기사는 마감시간에 쫓기는 다급한 상황에서 스트레이트 기사라도 잘 챙겨야 하는, 커다란 차이가 있다. 앞 기사가 독자에 대한 친절한 접근과 높은 가독성을 추구했다면, 뒤의 기사는 사실 보도의 정확성을 중시하고 있다. 어느 쪽에 역점을 두었는가 하는 점에서 두 기사는 각각 장단점을 지니고 있는 셈이다.

그러나 그런 점을 감안하고 굳이 수평적 비교를 하지 않더라도, ≪뉴욕타임스≫ 기사에서는 애초부터 문학적 접근이 크게 고려된 분위기가 분명히 느껴진다. 특히 '물의 도시 베네치아'와 '길거리의 강물', '물과 불의 날의 스펙터클' 같은 수사가 현란하다. 독자로 하여금 연쇄폭발이라는 불의의 사고에 관한 기사를 읽으면서도 문학작품에서와 유사한 독후감을 맛보게 한다. 『미래의 저널리스트에게』를 번역한 언론인 조우석도 "앞으로 국내 일간지 사건·사고 기사도 이런 식으로 갈 것으로 보인다"고 예상하고 있다.

사회부 기사 쓰기를 공부할 때 간접 자료 중심으로 쓰기보다는 직접 현장을 취재하고 고민하며 써야 글쓰기가 향상된다. 군더더기가 많은 설명 대신 직접 목격한 것을 보여주듯이 쓰는 것이 좋다. 접근하기 어려운 먼 곳의 큰 사건보다, 작더라도 내 주변의 사건이나 기삿거리를 기사화하는 훈련이 효과적이다.

처음 기사를 쓰기 시작할 무렵은 간단한 사건도 구성이 잘 안될 때가 많다. 그럴 경우는 우선 6하원칙을 따라 취재한 내용을 나열한 후, 다듬거나 재배치하는 방법도 편리하다. 먼저 '언제, 어디서, 누가, 무엇을, 어떻게' 했다를 기술하고 '왜(원인 분석 등)'는 뒤에 배치한다. 대책이나 전망 등은 또 그 뒤에 쓴다.

신문사에 들어와 사회부 근무를 시작한 지 4개월쯤 될 무렵인 1979년 4월 26일 자에 쓴 초보 기자의 기사를 읽어본다. "동심 좀먹는 전자오락실"이라는 제하의 사회·교육 문제를 고발한 기획 기사다. 지금의 PC방에 해당하는 당시의 전자오락실은 일반 학부모들이 그 존재도 모르는 사이에 어린 학생을 주요 대상으로 초등학교 주변에서 우후죽순처럼 번져나가기 시작했다.

경쾌한 전자음이 들린다. '삑, 삐이익, 삑-' 몰려가던 하학 길의 어린이들이 발길을 멈춘다. 그렇게 신기하고 재미있을 수가 없다. 들어가서 한몫 끼자니 주머니 사정이 허락하지 않는다. 주머니 사정이 허락한다 해도 20분쯤 노는 데 400원은 들여야 하니 어린이 부담으로는 감당하기가 어렵다. 전자오락실이라는 이름의 비교육적인 유기장遊技場이 초등학교 주변에 늘어가고 있어 대책이 급하다. 어린이의 호기심을 유혹해서 주머니를 털어내고 낭비벽을 조장할 뿐 아니라, 소년 범죄의 온상이 될 수도 있는 이런 오락실을 단속해 달라는 것이 많은 학부모들과 교사들의 의견이다.

전자의 논리회로를 이용한 전자오락기구는 처음에는 길가의 가게 앞 등에서 탁구·축구의 경기방식을 모방한 놀이로 등장했다. 현란한 스크린에 하얀 점이 '삑삑' 하는 경쾌한 소리를 내며 움직이는 이 '전자놀이'는 어린들은 물론 중학생, 고등학생, 어른들까지도 충분히 매료할 만큼 재미있다.

현재 초등학교 주변의 오락실은 서울 시내에만 200여 개소에 이른다. 문방구 안에 2~3대의 기구를 들여놓은 곳까지 합치면 500여 개소에 이르는 것으로 추산된다. 관리하는 데 동전을 바꿔주는 사람 하나만 있으면 되는 데다, 오락실을 찾는 어린이들이 점점 늘어나 학교 앞 구멍가게들까지 오락실로 전업하고 있는 형편이다.

한번 시작하면 주머니가 빌 때까지 그 앞을 떠나지 못하게 하는 것이 전자오락기구의 특징이다. 초등학생들이 가장 애용하는 기구는 요란한 엔진 소리를 내며 앞차를 추월하는 '스피드 경기'와 흰 점이 '삑' 소리를 내며 벽돌을 맞춰 떨어뜨리는 '블록 격파'. 초보자는 1분 정도, 숙달된 사람은 3분 정도 계속할 수 있는데 요금은 50원이다.

이 밖에 '오토바이 장애물 넘기'가 50원, 좌우로 흐르는 유성 사이를 빠져나가는 로켓이 30원, 기관총으로 이동표적을 맞히는 '기관총 사격'과 '당신의 앞날은? 직업선택과 운명을……'이리고 쓴 '미니컴퓨디'기 20원씩이다. 이 같은 늘이는 20분쯤 계속할 경우 400원 정도가 들어 어린이에겐 큰 부담이다. 공덕초등학교 5학년 이계형 군(11)은 "돈이 있으면 오락실 앞을 그냥 지나칠 수가 없다"며, 500원을 가져가면 400원은 쓰게 되는데 끝나고 보면 바가지를 쓴 기분이라고 말했다.

상인들은 경기점수가 550점을 넘으면 껌을, 700점이 되면 2,500원 짜리 장난감 탱크를 상으로 준다는 등 갖가지 방법으로 어린이를 유혹한다. 그러나 600점을 넘기려면 능숙한 솜씨에 운도 좋아야 한다. 이 기구들을 능숙하게 즐기려면 많은 시일과 돈이 든다. 처음 시작한 청년이 "잘 안 된다"고 불평하자 오락실 주인은 "이거, 꽤 많은 돈을 투자해야 하는 겁니다"라고 천연덕스럽게 말하고 있다. 이상호 군(11 · 공덕초교 5년)은 "거의 매일 200~300원씩을 전자오락에 쓰는데 돈이 모자라면 꾸어서라도 한다"고 말했다.

서울시의 관계자는 지난 75년부터 유기장법에 의해 전자오락실 허가를 해주지 않기로 방침을 세웠으나 단속을 하면 벌금을 물고 나서도 계속 영업을 해 단속의 실효를 거두지 못하고 있는 실정이라고 밝혔다.

《한국일보》(1979.4.26) 박래부 기자

물론 이 기사는 글 잘 쓰는 선배가 윤문을 해주었다. 이 과정을 언론사에서는 '데스크를 본다'고 말한다. 이 글은 어른들이 아직 잘 모르던 '전자오락과 전자오락실'의 문제점을 본격적으로 다룬 국내 언론 최초의 기사였다. 다음 날 사설도 이 문제의 심각성을 다시 한 번 '정론'으로 지적해주었다.

선배가 고쳐주어 도입부가 좋아진 사회부 기사의 한 예로서 이 책의 '부록: 기사 쓰기, 좌충우돌 30년' 중에서 "닫힌 門 열리며 '自由'의 포옹 ─ 긴급조치 관련 구속자 석방되던 날"이라는 기사도 참고했으면 한다.

나름대로 초년 기자의 문제의식을 드러내는 또 하나의 고발·기획 기사를 소개한다. 1979년 5월 23일 사회면의 머리기사다. 기자 생활 6개월이던 내게는 기사 내용과 함께, 선배가 고친 것이 없이 나간 첫 기획 기사였다는 점이 기억에 남는다. 나는 이 기사를 취재하기 위해 1주일 이상 동안 일과시간이 아닌, 저녁 퇴근 후 구로공단(지금은 가산디지털단지로 이름이 바뀌었다) 주변을 헤매고 다녔다. 그곳은 나의 공식적인 담당 취재구역이 아니었기 때문이다.

'6백여 근로자 향학열에 찬물'

'서울시교위 구로공단 7개 야학시설 폐쇄'

'무인가 사설강습소로 풀어'

구로공단 주변 공단 근로자들의 배움터가 사라졌다. '상록수' 그늘 아래서 배움의 갈증을 달래던 근로 청소년들은 배움터를 잃었고, 이들에게 배움의 길을 열어주던 대학생 야학 교사들은 사회에 봉사할 수 있는 길을 잃었다. 이것은 서울시 교육위원회가 지난 4일 공단 주변의 백합성경구락부, 수산나회의 자매복지원, 새 얼의 집, 유네스코야학, YWCA야학, 구로제일야학, 한민교회야학 등 7개 야학을 비인가 사설 강습소란 이유로 폐쇄했기 때문이다.

7개 야학은 고향을 떠나 스스로 벌어서 공부하려는 근로 청소년들의 꿈의 요람이었다. 이들은 못 다 한 배움의 소망을 이곳에서 찾고 보람을 가져왔다.

그토록 소중했던 배움터를 갑자기 잃어버린 700여 근로 청소년들은 겨우 100명만 공단본부의 공단 새마음 직업청소년학원과 남서울 직업청소년학교에 수용됐을 뿐 나머지 600명은 배움을 중단해야 했다.

학생 수가 300명이나 되던 백합성경구락부는 임시 조치로 서울시교위의 행정력이 미치지 않는 경기도 시흥군 서면 철산리로 이전, 명맥을 유지하고 있다. 나머지 6개 학원은 가르치고 배운다는 열성으로 이어온 인고의 역사에 종말을 고

했다.

지난달 28일 경기 시흥군 서면 철산리 466 전 OK목장으로 이사 간 백합성경구락부도 20일 만에 학생 수가 반으로 줄었다. 전에 자리 잡았던 가리봉 시장보다 교통이 나빠 시간이 맞지 않는 데다 교통비가 부담이 되기 때문이다.

학교가 이사를 간 첫날 도광림 양(20)과 이윤자 양(20)은 수업을 마친 후 너무 늦어 집엘 못 가고 가리봉동의 친구 자취방에서 잤다.

목공실을 개조한 교사도 허름하기만 하다. 그나마 3개반은 목공실을 합판으로 칸막이 해 쓰고 있으나 나머지 2개반은 목공실 밖으로 이어 판자로 벽을 하고 비닐 천막을 덮은 교실에서 공부한다. 이런 불편 때문에 배우던 과정을 마저 마치려고 바라왔던 학생들도 많이 떨어져 나갔다.

이처럼 야학이 수난을 당하는 데 대해 2년간 이 학생들을 가르쳐온 주영진 군(중앙대 법과 3년)은 "이 학생들은 수출 산업의 진정한 공로자들이다. 이들에게 좀 더 나은 교육의 기회를 준다 해도 결코 과분한 것이 아니다. 당국에서 실시하는 야간 특별 학급의 혜택도 충분치 못하다"고 지금의 실정을 한스러워 했다. 실제로 근로 청소년들에 의하면 영등포 여상 등에 위탁교육 시키는 당국의 산업체 야간 특별학급이

ㅣ나 공단본부이 복지관에 입하하는 것은 무척 어렵다. 입하하려면 실력이 있어야 하는데 대부분 나이가 많아 학교 때 배운 것을 많이 잊었고 대개의 회사는 이들이 학교에 다니는 것조차 좋아하지 않는다.

이들이 일단 입학을 하면 회사는 하오 5시면 학교에 가도록 배려해야 한다. 그렇게 되면 잔업을 시키지도 못하고 다른 사람들보다 1시간 일을 덜 시키는 결과가 된다. 그 실례로 모 회사에 다니던 이숙자 양(18)과 이승주 양(21)은 다른 사람들과 똑같이 하오 6시에 퇴근하는데도 잔업을 안 한다는 이유로 회사 측이 "야학엘 다니겠느냐, 회사를 그만두겠느냐"고 다그쳐 지난 3월 초에 야학을 계속하기 위해 회사를 나왔다. 이제까지 같은 조건 때문에 타 회사에도 취업을 못 하고 보증금 10만 원에 월세 3만 원으로 다른 친구 1명과 함께 그간 모은 얼마 안 되는 돈을 축내고 있는 실정이다. (후략)

≪한국일보≫(1979.5.23) 박래부 기자

이 기사의 리드 부분은 '구로공단 주변 공단 근로자들의 배움터가 사라졌다'는 사실 제시로부터 바로 시작했다. 이것은 폭력적이고 어처구니없는 사건이었고, 리드에서부터 직접적이고 엄정하게 기술하는 것이 합당해 보였기 때문이다. 두 번째 문장의

'상록수'는 일제강점기 심훈이 쓴 계몽소설 『상록수』를 연상시키고자 한 문학적 고려였다. 야학이 지니는 사회적 의미와 상징성을 떠올리려 했다. 『상록수』의 주인공들은 무지와 탄압으로 얼룩진 열악한 여건 속에서도 문맹 퇴치와 농촌 계몽을 위해 헌신적인 야학운동을 펴나간다.

이 기사를 취재·보도하면서 정치적으로도 고려해야 할 사정이 적지 않았다. 그만큼 예민한 기사였다. 예민한 만큼 치밀한 취재와 사실 확인이 필요했다. 다행히 다음 날인 24일 자에는 논설위원실에서 "향학에의 가냘픈 촛불 ― 불우 근로 청소년의 야학 길 넓혀주자"라는 제목의 정론적인 사설을 실어, 내 기사에 힘을 실어주었다.

많은 기자들은 사회부에서 첫 근무를 하고 취재 경험을 쌓아가면서 기사 쓰기의 단맛과 쓴맛에 길들여진다. 그런 과정을 통해 기자의 역량이 길러지는데, 특히 복잡하고 중요한 대형 사건을 취재하고 나면 기자의 키가 쑥 자란다.

우울한 기억이긴 하지만, '금당 사건'으로 불리던 불행한 사건을 돌아본다. 기자들이 대형 사건에 어떻게 접근하고 무엇을 짚어야 하는지를 알아보는 의미 있는 본보기가 될 것이기 때문이다.

사건을 요약하면 서울 인사동의 재력 있는 고미술상(당시는 골동품상이라고 불렀음) 부부가 큰돈을 지닌 채 운전사와 함께 실종됐다. 경찰은 3일이 지나자 이들이 암거래상 등에 의해 감금되어 있거나 유괴 살해되었을 것으로 보고 공개수사에 나섰다. 그러나 사건은 미궁에 빠지는 듯했다. 100일이 지나 사건이 풀렸다. 세 명 모두 살해된 것이다. 사건 발생부터 종결까지 당시 장안의 화제가 되었던 불행한 사건이다. 다음은 1979년 6월 23일 ≪한국일보≫ 사회면 톱기사로 나간 발생 기사다.

골동상 부부 · 운전사 실종
5백만 원 갖고 나간 뒤 승용차만 버려져

재산이 많은 골동품상 주인 부부가 승용차 운전사와 함께 실종, 3일째 소식이 없다. 이들은 조선백자를 사러 간다며 현금 5백만 원을 갖고 있었으며 이들이 탔던 승용차는 엉뚱한 곳에 버려진 채 발견됐다. 실종된 사람들은 서울 종로구 인사동 12 골동품상 金堂(골드하우스) 사장 정해석 씨(38 · 서울 종로구 부암동 129의 29)와 부인 김정태 씨(33), 그리고 운전사 이동환 씨(29 · 서울 관악구 신림8동 535의 2). 경찰은 돈을 노린 계획적인 유괴사건으로 보고 수사에 나섰다. 정 씨 부부가 자신의 가게에 마지막으로 전화를 걸어온 것은 20일 하오 4시 10분이었으며 이들의 승용차는 7시간 뒤인 밤 11시께 서울 마포구 망원동의 주택가 막다른 길에 버려져 이튿날인 21일 상오 10시께 경찰에 신고됐다.

경찰은 ▲승용차 바퀴에 흙이 많이 묻어 있고 ▲차바퀴에 수목원이나 정원에서 볼 수 있는 일본산 향나무 잎이 묻어 있으며 ▲승용차 좌석 밑에 사이다 병마개가 버려져 있는 점 ▲정 씨 부부가 5백만 원을 갖고 수원으로 간다며 나간 점을 들어 범인들이 농장을 지나 한적한 산길로 유인, 감금해놓았거나 살해하고 돈을 빼앗은 유괴사건으로 추정, 종로경찰서에 수사본부(본부장 김상현 시경 제2부국장)를 설치하고 골동품 중개인과 도굴꾼 등을 대상으로 수사를 펴고 있다.

경찰은 또 범인이 2인 이상으로 정 씨와 부인 김 씨, 운전사 이 씨를 따로 분리해 일을 저질렀거나 정 씨 승용차 편으로 함께 유인, 5백만 원 이외에 돈이나 재산을 더 요구하기 위해 계속 감금해놓고 있는 것으로 추정하고 있다. (후략)

이 기사는 전형적인 표준 역피라미드형 standard inverted pyramid form 으로 작성되었다. 이 부분은 전체 기사의 1/5 정도 분량으로, 도입 부분(리드)에 해당한다. 리드를 먼저 제시한 다음 이 글에서는 생략한 보충 사항과 세부 사항을 기술했다. 보충 사항과 세부 사항으로는 실종과 신고, 승용차 유기, 금당과 정 씨 주변,

수사, 실종 전후 행적, ８의지 등의 각은 항목으로 세분하여 치밀하게 보도하고 있다. 사진은 정 씨 부부와 운전사의 얼굴을 실었고, 주택가 막다른 길에서 발견된 승용차 사진도 게재했다.

그 후 경찰은 치밀한 수사를 벌였으나 소득이 없었다. 3개월이 되던 날, 범행 사실을 알고 있던 주범의 내연의 처는 이 사건에 대한 전 국민의 동정 어린 관심과 양심의 무게를 이기지 못해 친정에 이야기를 털어놓았다. 친정에서의 발설이 단서가 되면서 수사가 급진전을 이뤘고 꼭 100일 되던 날, 돈을 노린 이 사건의 참혹한 전말이 드러나게 되었다. ≪한국일보≫는 1면부터 3개면에 걸쳐 충격적인 비보를 상세히 전했다. 그러나 여기서 사건 종결의 비극적 상보詳報를 전하는 것은 적합한 일이 아닐 것이다. 그날의 제목들만 보자면 이랬다.

금당공동품상 부부 암장暗葬 시체로
범인 형제 백 일 만에 검거, 집 마당에 묻은 시체 발굴

어린 4자매의 눈물도 헛되이… 이럴 수가…
심야에 드러난 '잔악'…

1면에는 스트레이트 기사와 범인과의 일문일답 등을 충실히

신고, 사회면에서는 현장 주변 상황과 피해자 가족 등에 대한 스케치 기사를 다뤘다. 범인들의 비정함과 잔혹한 범행에 대한 분노, 어린 4자매 등 피해자 가족에 대한 안쓰러움과 동정심이 절로 우러나오는 지면이었다. 사진도 1면에 3장, 사회면에 3장 등 어느 사건보다 많이 사용했고 범인 집 구조에 대한 그림도 곁들였다.

이 사건은 서울시경 출입 기자를 비롯해 모든 사회부 사건기자들이 발생에서 종결까지 촉각을 곤두세워야 했다. 내 경우는 승용차가 버려진 곳과 나중에 드러난 범행 현장이 내 담당 취재 지역이었고, 또 해결되던 밤에도 마침 야근이어서 긴장감 속에 숨막히는 듯한 취재를 했던 탓에 오래 기억에 남았다. 어떤 사건이 발생하면 출입 기자는 경찰 못지않게 논리를 세우고 열심히 추리를 해야 한다는 것을 가르쳐준 사건이기도 했다.

초년 기자로서는 가까운 선배 기자들의 취재 요령이나 기사 작성에서 늘 배울 점이 있다. 기자 출신의 미국 학자 새뮤얼 프리드먼 Samuel G. Freedman 은 좋은 기사 쓰기의 어려움을 노력으로 극복하라고 권하고 있다. 그는 "학생들은 글쓰기를 마법이나 천부적 재능의 소산처럼 여기지만, 글쓰기는 천부적 재능이 아니다. 배우고 익힐 수 있는 재능이다. 연마하면 장인이나 작가가 부러울 리 없다"고 말한다.

그리스 철학자 아리스토텔레스Aristoteles는 "좋은 글쓰기란 평범함에 빠지지 않으면서 명쾌하게 드러내기"라고 정리한 바 있다. 좋은 기사는 상황과 사물의 핵심을 꿰뚫는 어휘와 표현으로 이루어진다는 의미로 바꿔 해석할 수 있다.

젊고 의욕 넘치는 기자들을 위하여 기사 쓰기에 관해 이런 '기억하기 좋은' 요령도 전해진다.

"KISS and Tell"
Keep It Simple and Short, and Tell orderly.
간결하고 짧게 하고, 조리 있게 기술하라.

2. 사회부 기사 쓰기의 실제

학생이 주변에서 소재를 찾아 작성한 기사를 소개하고자 한다. 기사의 소재가 흥미롭고 그 흥밋거리가 여러 사람이 참여하는 축제처럼 발전해 나가는 과정이 다뤄지고 있다. 더 추가했으면 하는 부분도 많지만, 짧은 시간 안에 취재하고 작성한 것임을 고려하면 훌륭한 화제성 기사다.

24인용 텐트 혼자 치기… 무모해 보이던 도전이 축제로

"24인용 텐트를 혼자 칠 수 있다"는 한 누리꾼의 주장이 사회 관계망서비스(SNS)를 통해 급속도로 퍼지면서 많은 시민의 축제가 됐다.

지난 8일 서울 양천구 신월초등학교에서 혼자 24인용 텐트를 칠 수 있는지를 검증하는 'T24 소셜 페스티벌'이 열렸다. T24는 무게가 200kg 이상인 군용 텐트로 일반 군부대에서는 대여섯 명이 달라붙어 설치를 한다. 그러나 육군 중사 출신인 이광낙 씨(29)는 1시간 20분 만에 혼자 텐트를 치는 데 성공했다. 행사 현장에는 2,000여 명이 모였고, 10만여 명이 인터넷을 통해 실시간으로 지켜봤다.

이 행사는 누리꾼 이 씨가 지난달 30일 '흔한 군필자의 허세'라는 제목으로 '24인용 천막 혼자 치기'에 대한 글을 SLR클럽 게시판에 올리면서 시작됐다. 대다수 누리꾼이 부정적 반응을 보였지만, 이 씨는 "혼자서 칠 수 있다"고 주장했다.

SNS에 소문이 퍼지자 텐트를 지원하겠다는 업체가 생겼고 누리꾼은 입장권 인쇄와 음향장비 대여, 생수 준비 등을 돕겠다고 자원했다. 가수 렉시는 무료로 축하공연을 하겠다고 나섰고, 개그맨 남희석은 호텔 스위트룸 숙박권을 상품으로 걸었다.

이 글에는 "친막 치기에 성공한 이 씨의 소감 한마디가 추가됐으면 좋겠어요. 기사 내용 재밌어요!"라는 다른 학생의 평이 적혀 있었다. 이 기사는 적절한 분량으로 핵심적인 내용의 리드를 잘 썼다. 내가 고친 부분은 원래 "무모해 보이던 도전이 축제로… 24인용 텐트 혼자 치기"로 돼 있던 제목의 어순을 바꾸고 '무모한'을 '무모해 보이던'으로 바꾼 것 등 많지 않았다. 이 행사를 기사화한 다른 학생이 몇 명 더 있었다.

취재 메모와 기사 쓰기의 예를 들어 본다. 사고의 장소와 인물 등은 익명이지만 실제 폭발 사고를 바탕으로 재구성했다.

취재 메모: 10월 16일 오후 4시 20분, 경기 ○○군 모 주유소 건물 지
    하 폭발

피해 상황: 1층 사무실까지 번짐. 사무실 유리창 모두 깨지고, 주유소
    건물 외벽 무너짐. 주유소 옆 주차장에 주차된 관광버스 3대와 승용
    차 4대 일부 파손. 직원 김수만 씨 32세, 박희도 씨 28세 등 유리 파
    편에 맞아 찰과상. 인근 건물에 있던 주민도 놀라 대피.

사고 경위: 직원들 사무실 화재를 15분 만에 꺼 화재가 확산되지는 않
    음. 폭발 당시 사무실 건물과 3m가량 떨어진 주유소 한쪽에서 탱크
    로리 차량이 지하 유류 탱크에 휘발유를 주입하던 중이었음. 2만 리
    터 용량의 유류 탱크, 지하 1층에 보일러실도 있음. 탱크로리에서

유류 탱크로 기름을 넣을 때의 유중기가 보일러실로 스며들어 폭발 추정됨. 이 주유소는 8개월 전에도 유사 석유를 판매하다 적발된 적 있음.

경찰: 주유소 관계자를 조사.

유사 사건: 10월 11일 인근 시의 한 주유소에서도 폭발 사고로 3명의 부상자 발생. 유사 석유를 판매하다 적발된 뒤에도 과징금을 내고 영업을 계속하던 중이었음.

다음은 학생이 작성한 기사이다. 쉬울 것 같지만 초보자에게는 쓰기가 꽤 까다롭다.

경기 ○○서 주유소 또 폭발, 2명 부상

16일 오후 4시 20분께 경기 ○○군 모 주유소 건물 지하에서 폭발 사고가 발생했다. 이 폭발로 1층 사무실까지 불길이 번졌으며, 김수만 씨(32)와 박희도 씨(28) 등 2명이 유리 파편에 맞아 찰과상을 입었다. 다행히 직원들이 15분 만에 사무실 화재를 초기 진화하는 데 성공해 화재가 확산되지는 않았다.

이 사고로 사무실 유리창이 모두 깨지고 주유소 건물 외벽 일부가 무너졌으며, 주유소 옆 주차장에 주차돼 있던 관광버스 3대와 승용차 4대 등 차량 7대가 일부 파손됐다. 인근 건물에 있던 주민도 폭발음에 놀라 한때 대피하는 소동을 빚었다.

사고 당시 사무실 건물과 3m가량 떨어진 주유소 한쪽에서는 탱크로리 차량을 이용해 2만ℓ짜리 지하 유류 탱크에 휘발유를 주입하던 중이어서, 하마터면 대형 사고로 이어질 뻔했다.

경찰과 소방서는 탱크로리에서 지하 유류 탱크로 기름을 넣을 때 발생한 유증기가 건물 지하 1층 보일러실로 스며들어 폭발한 것으로 추정하고 있다. 경찰은 이 주유소가 8개월 전 유사 석유를 판매하다 적발된 적이 있는 점을 중시하고, 이번 사고와의 연관성을 확인하기 위해 주유소 관계자를 조사하고 있다.

한편 지난 11일 인근 시의 한 주유소에서도 폭발 사고가 나 3명의 부상자가 발생했다. 이 주유소는 유사 석유를 판매하다 적발된 뒤에도 과징금을 내고 영업을 계속하던 중이었다.

사회적으로 유사 석유에 대한 경각심을 주기 위해서라면 충분히 기삿거리는 된다. 최근의 유사 사건과 함께 엮어 기사 가치를 높였다. 이 학생은 흔히 발생할 수 있는 사건이기 때문에 기사에서 특별한 리드가 필요하지는 않다고 판단했다. 한국 신문들은 대개 이런 정도 크기의 전형적인 스트레이트 기사에서는 별도의 리드를 쓰지 않는다.

사회의 한쪽 음지에서 나눔과 헌신을 실천하다 안타깝게 사고로 숨진 한 중국집 배달원 이야기를 다뤄본다. 다음 자료를 바탕으로 학생이 작성한 연습 기사 2건이다. 두 기사의 리드를 눈여겨볼 필요가 있다.

취재 메모

9월 26일 어린이재단 발표: 어린이재단을 정기적으로 후원하던 중국집 배달원 김우수 씨(54)가 교통사고로 사망. 김 씨는 2006년부터 70만 원 안팎인 월급 중 매달 5만~10만 원을 어린이재단에 기부. 가정 폭력과 빈곤에 처한 아이들 5명을 도움. 재단 앞으로 보험금 4,000만 원의 종신보험도 듦. 생전에 장기 기증 의사도 밝힘. 병원에서 가족을 찾는 데 시간이 너무 오래 걸려 장기를 기증할 시한을 넘김. 그가 무연고자였기 때문.

재단 관계자의 말: 7살 때 고아원에 버려졌던 김 씨는 홧김에 저지른 방화로 감옥에 감. 출소 6개월 전 재단을 알게 돼 줄곧 인연을 이어옴. 최근 형편이 어려워졌지만 후원금을 3만 원으로 줄여서라도 꼬박꼬박 냄. 가족이 없어 빈소도 못 차리고 있는 처지여서 어린이재단이 나서서 장례를 치르기로 함.

사고: 23일 서울 강남구 일원동의 한 교차로에서 김 씨가 몰던 배달

오토바이기 ⋀턴을 하던 중 맞은편에서 오던 아반떼 승용차와 충돌. 119구조대는 김 씨를 병원으로 옮겼지만 의사는 가망이 없다고 판단. 이틀 뒤인 25일 오후 11시께 사망.

근래는 강남의 한 고시원에 기거해 옴.

어려운 어린이 돕던 중국집 배달원 김우수 씨 교통사고 사망

어려운 아이들에게 아낌없이 나눔을 실천한 중국집 배달원이 불의의 교통사고로 안타깝게 숨졌다. 어린이재단에 따르면 지난 23일 서울 강남구 일원동의 한 교차로에서 김우수 씨(54)가 운전하던 배달 오토바이가 U턴을 하던 중 맞은편에서 오던 아반떼 승용차와 충돌했다. 김 씨는 119구조대에 의해 병원으로 옮겨졌지만 부상이 심해 사고 이틀 뒤인 25일 오후 11시께 홀로 병실에서 생을 마감했다.

서울 강남의 한 고시원 쪽방에서 살아온 김 씨는 월급이 70만 원 안팎에 불과했지만 매달 5만~10만 원씩 어린이재단을 통해 경제적으로 어려운 5명의 어린이를 후원했다. 또 재단 앞으로 4,000만 원의 종신보험도 들어놓았다.

재단 측에 따르면 김 씨는 7살 때 고아원에 버려지고 그 후 고아원을 뛰쳐나와 구걸과 방황을 하다가 홧김에 저지른 방화 사건으로 교도소에 들어갔다. 출소 6개월을 앞두고 우연히 본 잡지를 통해 어렵게 사는 아이들 이야기와 어린이재단에 관한 기사를 읽었다. 가정폭력과 빈곤에 처한 아이들에 관한 기사였다. 그 뒤 어린이재단과 인연을 맺어왔다.

김 씨는 최근 형편이 더 어려워졌지만 후원금을 3만 원으로 줄여서라도 꼬박꼬박 냈다. 그는 생전에 장기 기증 의사도 밝혔으나, 병원에서 가족을 찾는 데 시간이 너무 오래 걸려 장기를 기증할 시한을 넘겼다. 그가 무연고자였기 때문이다. 가족이 없어 빈소도 못 차리고 있는 처지여서 어린이재단이 나서서 장례를 치르기로 했다.

기부천사 중국집 배달원의 안타까운 죽음
매달 어린이 돕고 보험도 들어

자신의 생활이 어려움에도 불구하고 가정폭력과 빈곤에 처한 아이들을 정기적으로 후원하던 중국집 배달원이 교통사고로 숨졌다. 세상을 떠나면서 불우 어린이를 위한 보험금까지 남겼다.

26일 어린이재단에 따르면 23일 서울 강남구 일원동의 한 교차로에서 김우수 씨(54)가 몰던 배달 오토바이가 유턴을 하던 중 맞은편에서 오던 아반떼 승용차와 충돌했다. 119구조대는 김 씨를 병원으로 옮겼지만 의사는 가망이 없다고 판단했다. 이틀 뒤인 25일 오후 11시께 김 씨는 홀로 병실에서 숨을 거뒀다.

김 씨의 '키다리 아저씨' 같은 선행은 2006년부터 시작됐다. 강남의 한 고시원에 기거해온 김 씨는 70만 원 안팎인 월급을 쪼개 매달 5만~10만 원을 어린이재단에 기부했고, 재단 앞으로 4,000만 원의 종신보험도 들어놨다. 김 씨는 생전 장기 기증 의사도 밝힌 바 있지만 무연고자인 탓에 병원에서 가족을 찾는 데 시간이 오래 걸려 장기 기증 시한을 넘겼다.

어린이재단 관계자는 "7살 때 고아원에 버려졌던 김 씨는 홧김에 저지른 방화로 감옥에 갔다 출소 6개월 전 재단을 알게 돼 줄곧 인연을 이어왔다"고 말했다. 재단 측은 "김 씨가 최근 형편이 어려워졌지만 후원금을 3만 원으로 줄여서라도 꼬박꼬박 냈다"며 "가족이 없어 빈소도 못 차렸기 때문에 재단이 나서서 장례를 치르기로 했다"고 밝혔다.

같은 소재를 다룬 짤막한 기사지만, 기사의 분위기와 감동은 약간씩 다르다. 좋은 리드가 기사 가치를 높인다는 점을 보여주는 예들이다. '아낌없이 나눔을 실천한', '고시원 쪽방', '키다리 아저씨'(미국 소설가 진 웹스터의 소설명이며, 고아를 후원한 주인공의 별칭) 등의 표현에서 좋은 기사를 쓰기 위한 문학적 접근과 고심이 엿보인다.

안타까움과 훈훈한 인간미를 전하기 위해 각각 별도의 리드를 달았으며, 뒤이어 교통사고에 관한 스트레이트 기사, 김 씨의 선행 내용과 배경, 어린이재단의 적절한 장례 집행 등이 뒤따르고 있다. 이런 순서가 기사를 짜임새 있게 만든다는 점도 기억할 필요가 있다.

작은 기사임에도 불구하고 '어려운 어린이 돕던 중국집 배달원 김우수 씨 교통사고 사망', '기부천사 중국집 배달원의 안타까운 죽음, 매달 어린이 돕고 보험도 들어' 등 스스로 달아 기사의 핵심을 살린 제목에서도 애를 많이 쓴 흔적이 읽힌다.

그런데 기존 언론에 보도되었다고 해서 모두 잘 쓴 기사라고 할 수는 없다. 짤막한 글이지만 다음 기사를 잠깐 읽어보자.

투캅스 편의점 강도 25분 만에 검거

○○경찰서 ○○파출소 ○○○경위 · ○○○경사

29일 오전 ○○경찰서 ○○파출소 ○○○경위와 ○○○경사가 강도 사건 발생 신고를 받고 25분여 만에 피의자를 검거했다.

경찰에 따르면 이날 근무자인 ○○○경위 등은 새벽 시간대 우범지역 순찰을 하던 중 오전 1시 27분쯤 112지령실로부터 무 편의점에서 강도 사건이 발생했다는 신고를 접수하고 출동했다.

현장에 가장 빨리 도착한 두 경관은 편의점 근무자인 A씨(47)로부터 피의자 인적 사항을 들은 후 곧바로 주변 원룸 등지를 수색하던 중 편의점과 불과 500여m 떨어진 노상에서 택시를 타기 위해 기다리던 피의자 B군(18)을 검거했다.

이날 범행을 저지른 B군은 소주병을 깬 후 편의점 종업원을 위협해 현금 28만 원을 빼앗은 것으로 드러났다.

〈사진〉 29일 오전 ○○경찰서 ○○파출소에 근무 중인 ○○○경위(왼쪽)와 ○○○경사가 강도 사건 발생 신고를 받고 25분여 만에 피의자를 검거했다. 범인을 검거한 두 경관이 지역민들에게 명품 치안 서비스를 제공할 것을 다짐하고 있다. (사진제공 = ○○경찰서)

이 기사는 분량이 짧은데도 많은 허점을 드러내고 있다. 마치 경찰서 홍보물처럼 경찰을 칭찬한 것 외에 기사로서 의미를 찾기 어렵다. 물론 순찰 경찰이 애를 썼고, 다행히 용의자를 검거했다. 그러나 경찰이 치안에 힘쓰는 것은 당연하고 기본적인 책무인데, 지나치게 영웅시하는 정서가 느껴진다. 정황으로 미루어 용의자인 청소년은 술에 취해 있었을 것으로 짐작된다.

'현장에 가장 빨리 도착한 두 경관' 등 경찰 중심으로 작성한 기사 구성도 허술하고, 경찰이 제공한 사진의 설명과 제목도 경찰 홍보지와 다름없이 써서 유감스럽다. 바람직하지 않은 기사의 예를 들기 위해 익명으로나마 소개한 것이다.

다음은 학생들이 조별 발표를 했던 기사다. 학교 안의 가까운 곳에서 공감 가는 기삿거리를 찾고 시간을 들여 섬세하게 작성한 "공학관 내 패스트푸드점 유치 유감"이라는 기사다.

인산인해였다. 29일 정오에 들른 국민대학교 공학관의 모습이 그랬다. 예전에 있던 와플카페는 없어지고, 2학기에 오픈한 패스트푸드점에는 학생들이 개미처럼 몰려들었다. 판매대 앞에는 줄이 길게 늘어섰고 공학관 1층에 있는 테이블에는 빈자리 없이 사람들이 가득 찼다. 이후 손님이 많아 주문이 밀리면서 점점 더 많은 사람들이 모이고 점점 더 시끌벅적해졌다.

총학생회는 지난 1학기부터 학교 측에 패스트푸드점 입점을 강력히 요구하여 패스트푸드점을 성공적으로 유치시켰다. 하지만 위치가 문제였다. 학생 다수는 이를 긍정적으로 보고 복지가 향상되었다고 좋아하는 데 반해, 공대생들은 불편함을 호소했다. 공대생 이 모 군(22)은 "복지관을 놔두고 왜 공대생이 공부하는 공학관에 입점한 것인지 모르겠다. 너무 많은 사람들 때문에 불편하다"고 말했다.

총학생회는 지난 5월 학교 온라인 커뮤니티인 '국민인닷컴'에서 패스트푸드점 유치에 관한 설문조사를 했다. 그 결과 입점 찬성의 비율이 97%로 압도적으로 높았다. 이에 입점 위치에 관한 설문조사를 했는데, 설문에는 국제관 테라스와 올해 계약이 만료되는 복지관 PC방 등이 있었지만 공학관은 없었다. 설문 항목에도 없던 공학관 1층에 갑자기 패스트푸드점이 생긴 점에 대해 의문이 든다.

물론 현재 다수의 학생은 입점 위치에 대해 부정적인 생각을 보이지 않는다. 오히려 패스트푸드점이 생긴 것 자체에 대해 만족하는 분위기다. 하지만 정작 공학관 건물을 가장 많이 이용하는 공대생들의 의견은 묻지도 않고 공학관 1층에 버젓이 입점시켰다. 실제로 그 학생들 대부분은 입점에 관한 설문조사나 공지사항에 대해 몰랐다. 물론 공약을 지키기 위한 총학생회의 많은 수고와 노력이 있었을 터. 그러나 무작정 공약이라고, 다수의 사람이 동의한다고 유치시키기 전에 조금 더 세세하게 소수 인원에게도 동의 과정을 거쳤으면 어땠을까 싶다. 그러면 소수의 부정적인 여론도 없었을 것이다.

먼저 기사 구조를 살펴본다. 이 기사는 학생들의 호응이 큰 가운데 문을 연 패스트푸드점에 대한 스케치성 기사로부터 시작하여, 공학관에 입점하는 과정, 소수 학생의 특히 공대생들의 면학 분위기가 저해되는 문제점 등을 지적하는 순서로 되어 있다. 독자가 공감할 만한 기사라고 판단된다. 각 문단마다 세심하게 취재하여 기사를 작성한 흔적도 드러나고, 문장도 세련되어 보인다.

기사 중에서 '학생들이 개미처럼 몰려들었다', '테이블에는 빈자리 없이 사람들이 가득 찼다', '하지만 위치가 문제였다', '갑자기 패스트푸드점이 생긴 점에 대해 의문이 든다', '물론 현재 다수의 학생은 입점 위치에 대해 부정적인 생각을 보이지 않는다' 등의 표현은 이 발표조원들이 기사 문장 공부를 많이 했고, 또 잘 쓸 역량이 있다는 것을 보여준다.

그러나 고치는 것이 더 나을 부분도 적지 않다. 우선 '공학관 내 패스트푸드점 유치 유감'이라는 제목부터 그렇다. 이 같은 스트레이트 기사의 제목은 '유치 유감'이라는 관념적 어휘보다는 구체적인 사실을 적시하는 편이 좋다. '유치' 자체에는 긍정적인데, '위치'에 대해 공대생들의 의견이 반영되지 않았다는 취지의 기사이므로 제목에서도 그 점이 나타났어야 한다.

첫 문장인 '인산인해였다'는 표현도 인상적이고 다음 문장이 궁금해진다. 그럼에도 이미지가 지나치게 과장된 것으로 생각된다. 평이한 표현이지만 '기다리는 학생의 줄이 굉장히 길었다' 정도로 했으면 어땠을까 싶다. 바로 뒤의 '오픈한'이라는 말도 '문을 연'으로 바꿨어야 했다.

네 번째 문단의 '수고와 노력이 있었을 터'도 부드럽게 읽히지는 않는다. '추측'의 뜻을 나타내는 '터'라는 말은 지금의 구어에서 잘 사용하지 않는다. 더군다나 '~터다'도 아니고 '~터'로 문장을 끊은 것이 거부감을 준다. 다소 예스러운 맛을 풍겨 멋도 있긴 하나, 전체 문장에서 별안간 튀는 느낌을 주기 때문에 '수고와 노력이 있었을 것이다' 정도가 좋았을 듯하다.

이 기사의 핵심은 '(아무리 많은 사람이 패스트푸드점을 긍정적으로 여기더라도) 공대생들의 의견은 묻지도 않고 공학관 1층에 버젓이 입점시켰다'라는 점이라고 판단된다. 이 기사가 '소수 인원에게도 동의 과정을 거쳤더라면 소수의 부정적인 여론도 없었을 것'이라고 결론지은 것 역시 내용은 타당해 보인다.

그러나 앞서도 얘기했듯이 미국식 전통에 가까운 우리 언론은 이런 스트레이트 기사에 필자(기자)의 의견이나 주장으로 마무리하는 것은 대개 기피하고 있다. 굳이 어떤 의견이나 주장을 싣고 싶으면 당사자나 관계자, 전문가 등의 말을 인용하는 것을 원칙처럼 지키고 있다.

4
스케치 기사와 묘사적 글쓰기

1. 스케치 기사

스케치 기사는 사회부 기사나 정치부 기사 등에서 스트레이트 기사와 함께 현장과 주변의 분위기를 시각적으로 전달하는 기능을 갖는다. 스케치가 사물이나 장면을 글이나 그림으로 묘사하거나 간략히 기술하는 의미인 것처럼, 스트레이트 기사와는 다른 시각에서 현장의 중요하고 요점이 되는 분위기를 독자에게 보여주듯이 간략하지만 친절하게 전하는 기사다. 스케치 기사는 중요하고 규모가 큰 사건·사고, 시민의 반응이 궁금할 만한 현상이나 행정 조치 등을 보도할 때 두루 이용된다.

스트레이트 기사가 6하원칙에 충신한 반면, 스케치 기사는 이에 얽매이지 않는다. 한국 신문에서는 스케치 기사에 흔히 'O' 기호를 문단 앞에 붙여 글을 싣는데, 스트레이트 기사와 구별되고 비교적 가벼운 기분으로 읽게 하려는 취지로 볼 수 있다.

우수한 스케치 기사의 예를 찾아본다. ≪뉴욕타임스≫의 로버트 맥패든 기자가 비 내린 뒤 거리 모습을 스케치한 1995년 9월 18일 자 기사다. 이 스케치 기사는 일상적이고 친밀한 소재를 다루고 있음에도, 문체가 가볍지 않으며 정중하고 본격적인 느낌을 주고 있다.

> 빗줄기는 낮게 드리운 하늘로부터 은빛 투창처럼 비스듬히 쏟아져 내렸다. 빗줄기는 먼지투성이 창틀, 바싹 마른 나뭇잎, 검게 탄 땅 위를 휩쓸고 지나갔다. 빗줄기는 처마로부터 부드럽게 흘러내리며 작은 강을 이룬 다음 풀숲과 무지개색으로 빛나는 거리로 흘러들었다. 신선해진 공기에는 생명감이 충만했다. 비온 뒤 나뭇잎은 에메랄드처럼 반짝거렸다. 비 오는 거리에서 노래라도 부르고 싶은 즐거운 기운이 퍼져나갔다.
>
> 근사한 레인코트를 차려입고 브루클린 거리에 나선 베키 자딘은 "비가 좋다"고 말했다. 그리고 "오늘은 너무 멋진 날"

이라고 외친다. 노란색 레인코트 차림의 친구 제니퍼 클레멘트는 동의한다. "빗소리를 듣자마자 아직 모두 잠든 새벽 거리로 나섰어요." 이어 코네티컷에 사는 주민의 이야기다. "일요일 아침, 지붕을 톡톡 두드리는 빗방울 소리에 잠을 깨는 것만큼 행복한 순간이 없다"고 케서린 크리스트자너는 전한다.

거리를 적신 비로 뉴욕 시의 분위기는 확 달라졌다. 황금빛으로 빛나던 도시의 색깔이 조금 엷어지면서 차분한 빛이 감돌았다. 바람이 몰고 온 구름이 머리 위에 머물렀다. 아늑한 방 안에 빌리 홀리데이의 음반을 틀어놓은 채 소설이라도 펴 들면 좋을 듯한 날이었다. 아니면 항구로 산책을 나가 갈매기 떼와 엷은 안개를 바라보는 것도 괜찮을 법했다. 허드슨 강 쪽으로부터는 물결치는 소리가 들려왔다.

윤석홍 · 유선영 외, 『언론상과 우수기사(해외편)』

(한국언론연구원, 1997), 42~43쪽.

이 기사의 '은빛 투창처럼 비스듬히 쏟아져 내렸다', '무지개색으로 빛나는 거리로 흘러들었다' 등의 감각적이고 빛나는 수사에서 다시 한 번 문학적 기사 쓰기의 매력을 확인할 수 있다.

스케치 기사는 종종 르포르타주 기사와 유사한 느낌을 주기도 한다. 스케치 기사와 나중에 공부할 르포 기사, 인터뷰 기사 등을 길 쓰기 위한 기초로서 묘사적 글쓰기에 대해 이해하고 훈련할 필요가 있다.

2. 묘사적 글쓰기

묘사적 글쓰기는 세밀하고 신중하게 선택된 대상을 통해 어떤 상황이나 인물, 장소, 사물을 묘사하듯이 정확하고 생생하게 보여주는 글쓰기다. 묘사적 글쓰기의 목적은 기자가 보고 느끼고 들은 것을 독자가 그대로 보고 듣고 느끼듯이 실감을 주기 위한 것이다. 묘사적 글쓰기는 사물이나 상황을 냉철하고 정확하게 묘사하는 훈련으로 유용하다.

예를 들어본다. '입학식 날이다. 3월이지만 일기예보대로 날씨가 꽤 차가웠다. 나는 새로운 기대와 설렘을 안고 학교로 갔다'라는, 무난하지만 평범하기도 한 문장이 있다. 같은 소재를 묘사적 글쓰기로 쓴 예를 보면 다음과 같다.

'늦은 한파가 기승을 부릴 것이라는 일기예보대로 대문을 나서자 칼바람이 옷깃을 파고들었다. 3월의 초입, 아직은 겨울 색이 짙지만 그 속에서도 꿈틀거리는 봄의 기운이 느껴졌다. 살아움직이는 만물과 함께 나의 심장도 힘차게 박동하기 시작한다.

대학생이 되는 첫날이기 때문이다.'

▪ Show, don't tell

묘사적 글쓰기의 원칙으로 'Show, don't tell'이 있다. '설명하기보다 보여주라'는 것이다. 다른 말로 설명하면,

가. 필자의 개인적 감정을 드러내지 않는다.
나. 제3자의 시각에서 기술한다.
다. 중립적·업무적·공식적 입장을 취한다.
라. 필자 자신보다 객체를 강조한다.

그러나 이런 원칙이 절대적인 것은 아니다. 경우에 따라서는 글의 효과를 높이기 위해 필자의 감정이나 정서를 전면에 드러낼 수도 있으나, 지나침은 피해야 한다.

묘사적 글쓰기를 위해 '잊을 수 없는 일', '지금도 생각나는 사람', '내게 소중한 물건', '나의 평화로운 공간' 등의 소재로 연습해보기를 권한다.

"평화롭고 따스한 주위 풍경 묘사가 읽는 이를 기분 좋게 만드는 글이다. 마치 내가 글 쓴 곳에 있는 듯한 느낌이 든다. 잘 썼어요"라는 급우의 평이 붙은 학생의 묘사 글을 소개한다.

나의 평화로운 공간

따스한 햇살이 마당에 널린 빨래 사이로 나의 갈색 머리를 비춘다. 따스하다. 어린아이가 엄마의 등에 업혀 스르르 잠들 때의 기분이 이럴까? 고요하다. 주변이 고요하다. 마당엔 빠알간 고추들이 일광욕을 즐기고 있다. 쟁기가 기대고 있는 오래된 자전거는 바람이 타고 있는지 쳇바퀴가 돌아간다.

눈을 떠도, 감아도 주변에 사람이 보이지 않는다. 인기척도 없다. 참새소리가 소음이 될 수 있다면 모를까, 내 눈과 귀에 거슬리는 것은 아무것도 없다. 내 몸에는 거추장스러운 액세서리가 없다. 헐렁한 티셔츠에 면바지, 쉽게 벗을 수 있는 뒤축 없는 고무 슬리퍼, 내가 치장한 전부다. 몸이 가볍고 편하다.

따스한 햇볕이 내리쬐는 기와집 지붕 아래서 푸르디푸른 하늘을 보니 문득 마을 입구에 있는 저수지가 떠오른다. 연꽃이 가득한, 그래서 물 위를 걸을 수도 있을 것 같은 연꽃 저수지가 그립다. 슬리퍼를 챙겨 신고 마당을 걷는다. 대문을 열고, 가뿐한 그러나 느린 걸음으로 전진한다. 어느 땐가부터 아스팔트가 깔린 마을길이 아쉽지만, 길가에 핀 꽃들이 살랑살랑 고개를 흔들어가며 나를 위로해준다. 도시에서는 얼굴을 찡그렸던 쇠똥냄새도 어느덧 자연의 향기가 된다. 상황에 따라 기분이 달라지는 게 사람인 모양이다.

저수지가 보인다. 연꽃이 피해간 저수지 한가운데는 햇살이 축복을 주는지 물결의 빛깔이 찬란하다. 나룻배만 있다면 태평양 못지않은 멋진 항해길이 될 것이다. 앉기에 좋은 곳을 찾아 털썩 앉는다.

생각한다. 시간을 생각한다. 얽매어 있던 시간을 풀고 자신에게 여유를 선물한다. 마음에 평화가 내려앉는다. 행복한 마음으로 하늘과 눈을 맞춘다. 여기는 전남 나주시 산포면 화지리, 나의 가장 평화로운 공간이다.

미리 생각한 소재이긴 하겠지만, 30분 정도 걸려 쓴 글로서 흠잡을 곳이 거의 없다. '고요하다. 주변이 고요하다', '생각한다. 시간을 생각한다' 등에서 반복적 표현을 하며 읽는 이의 주위를 집중시키는 솜씨도 뛰어나다. 마당 ― 길 ― 연꽃 저수지로 이어지며 달라지는 지리적 배경과 내면적 사유의 풍경에 대한 묘사도 훌륭하다.

내가 첨삭한 부분도 많지 않다. 나는 원래 '상황에 따라 기분이 달라지는 게, 영락없는 사람이다'로 되어 있는 문장을 '상황에 따라 기분이 달라지는 게 사람인 모양이다'로, '햇볕이 비치는'을 '햇볕이 내리쬐는'으로 수정했다. 또한 '물결의 빛깔이 찬

란차다'는 부분에서는 좀 더 시각적으로 어떻게 찬란힌지를 보여주는 묘사가 되었으면 더 좋았겠다고 지적했다.

'잊을 수 없는 일'이란 소재로 연습한 또 한 편의 묘사적 글쓰기를 본다. 중국에서 유학 온 여학생의 글이다. 원문을 그대로 존중하고, 잘못 쓰인 말이나 문법적으로 어색한 점만 약간 고쳤을 뿐이다.

그날 난 울었다

내가 처음 고향을 떠나던 날, 집에서 일찍 나와 어슴푸레한 여명을 따라서 나의 유학 여정에 올랐다. 너무 일찍 일어났기 때문에 곧 고향을 떠날 마음이 없었다. 자동차 안에서도 나는 잠에서 채 깨어나지 않고 멍한 상태로 그대로 앉아 있었다. 앞의 부모님도 표정도 없고 말도 없이 조용히 앉아 계셨다.

공항에 도착하고 나니, 처음으로 마음속에 넓은 공항처럼 허전한 느낌이 생겼다. 공항에서 냇물처럼 끊임없이 오가는 사람들 속에 서 있으니, 한꺼번에 여러 가지 생각이 떠올랐다. 부모님과 가족, 친구들과 곧 헤어지고 다시 새로운 생활을 시작한다. 혼자 생활하면 스스로 잘할 수 있을지에 대한 걱정과 불안감이 점점 마음속을 가득 채워서 슬퍼졌다. 눈에 눈물이 핑 돌고 부모님께 "안녕"이라고 인사하고 나서 안전문 안으로 들어갔다.

비행기를 타기 전에 아버지에게서 전화가 왔다. "앞으로 혼자 있으니 꼭 조심해라"고 당부하셨다. 사실은 아버지가 항상 바쁘기 때문에 우리 사이가 가깝지 않다고 생각했는데, 그렇게 전화를 주고 진심으로 말한 것에 많은 감동을 받았다.

무엇인가를 말하려고 했는데, 입을 열자마자 눈물을 흘린 것 같다. 하지만 아버지를 걱정하지 않게 하려고 마음먹었다. 눈에 눈물이 맺힌 채 "걱정하지 마. 딸이 잘할 수 있어"라고 대답했는데, 전화를 끊자마자 코가 찡하고 눈물이 주르륵 떨어졌다.

부모님의 비호를 떠난 날, 난 자랐다.

아직은 어리다고 할 수 있는 여학생이 낯선 곳으로 유학을 떠나는 정경이 곁에서 보듯이 잘 묘사되어 있다. 아직 한국어는 서툴지만, '마음속에 넓은 공항처럼 허전한 느낌이', '냇물처럼 끊임없이 오가는 사람들 속에', '전화를 끊자마자 코가 찡하고 눈물이 주르륵 떨어졌다' 등의 서술이 돋보인다. 마지막 문장 '부모님의 비호를 떠난 날, 난 자랐다'는 구절도 빼어나다.

'가능하면 문학성 있는 글을 쓰라'는 말을 자주 듣기 때문에 학생들은 외도적으로 그런 시도를 한다. 학생들은 그런 부분에서 적지 않은 성과를 거두고 있다. 그런데 가끔 무리한 시도로 어색한 경우도 눈에 띈다. 다음은 매우 문학적인 접근이지만 상황이 부적절한 경우다.

평소 글을 잘 쓰는 학생의 '가로등 불빛도 모두 꺼져 캄캄한 새벽이었다'고 시작되는 글이 있었다. 어머니의 말을 거역하고 친구 집에서 마련된 밤샘 모임에 갔다가 죄책감과 불안감을 잔뜩 안고 새벽에 귀가하는 장면이다. 얼핏 개성적이고 참신해 보이는 문장이지만, 그 여학생이 마음으로 느낀 것처럼 가로등 불은 새벽에 꺼지는 것이 아니다. 오히려 새벽처럼 고즈넉한 시간에는 더 환하게 골목을 비추는 것이 가로등이다. 잠깐 농담 삼아 말하자면, 어느 미국 작가의 표현을 빌려 '집으로 가는 새벽 골목길이 정직한 정치가의 앞날처럼 캄캄했다'고 표현했으면 어땠을까?

'산머리를 붉게 적시던 노을 뒤로 만월이 머리를 내민다'는 글도 있었다. 여느 학생의 글에서는 만나기 쉽지 않은, 문학적 표현 욕구가 출렁이는 문장이다. 그러나 이 역시 비현실적 묘사다. '산머리를 붉게 적시던 노을'은 서쪽에 펼쳐지지만, '(초승달이나 그믐달이 아니라) 만월이 머리를 내미는' 장면은 서쪽 노을 뒤가 아니라 언제나 동쪽에서 벌어지기 때문이다.

5

르포르타주 기사

르포는 불어 르포르타주Reportage를 줄인 말로 현지 보고 기사 또는 현장 탐방 기사를 말한다. 실화나 다큐멘터리, 피처 기사 등도 포함된다. 좋은 르포 기사는 지면을 윤택하게 하고 현장감과 생동감으로 활기 있게 한다. 르포 기사는 사건 현장을 직접 보고 체험하여 보고하는 심층 취재 방법이므로 현장에 많이 접근할수록 생동감이 있다. 치밀한 사전 취재와 무엇을 쓸 것인가에 대한 적확한 기사 방향이 중요하다.

기획, 현장취재, 기사작성 순서로 사건이나 상황의 본질에 맞게, 생동감 있게, 구축적이고 형상성 있게 써야 한다.

가. 사진 취재가 성공 여부 결정

나. 긴 기사이므로 리드가 특히 중요

다. 현장의 목소리가 생동감 좌우

라. 상반되는 견해는 균형 있게 반영할 것

마. 주장보다 보고 들은 것을 중시할 것

바. 시간 순서에 얽매이지 말고 자료, 현장 묘사, 인터뷰, 서술, 기자 판단 등을 역동적으로 배합할 것

르포 기사는 사회부에서만 애용되는 형식은 아니다. 특파원 기사를 비롯한 국제부 기사나 정치부, 문화부 등 여러 부서에서 활용되고 있다. 어느 부서에나 다양한 기삿거리와 화제가 있으므로 문학적 감수성과 개성 있는 전개 방식을 동원하여 연습하는 것이 중요하다.

학생들에게 가기도 쉽고 비교적 쓸 거리도 많은 재래시장을 르포 기사로 작성하라고 과제를 냈다. 한 학생은 대형마트의 난립 속에 시장 상인회가 구심점이 되어 변화와 자기 쇄신을 통해 경쟁력을 유지해가는 시장의 모습을 치밀하게 담아냈다. 글의 초점이 뚜렷해서 더 큰 현장감이 전달된다. 망원동 시장의 규모나 점포 수, 역사 등에 대한 간략한 소개가 있었으면 하는 아쉬움은 있다.

"다윗과 골리앗의 싸움? 우리는 자신 있습니다"

망원동 재래시장 상인회의 끝없는 자기 쇄신

"다윗과 골리앗의 싸움도 마지막에는 다윗이 승리하잖아요? 재래시장이 기업형 슈퍼마켓(SSM)에게도 밀리지 않는 모습을 보여줄 겁니다."

서울 마포구 망원동 시장 상인회의 정연태 씨(48·건어물 가게 운영)는 자신에 찬 목소리로 말했다. 일반적인 불경기에 대해 말하던 때와는 사뭇 다른 어조로 상인회 차원의 SSM 대책을 들려주었다.

지난 23일 하오 지하철 망원역에서 5분여를 걷자 아치형의 차양 막을 씌운 망원시장이 나왔다. 입구에 걸린 대형 전광판에서는 시장 내 점포들을 소개하는 광고 영상이 상영되고 있었다. 입구 모습부터 여느 재래시장과는 달랐다. 바닥은 잘 정리되어 있었고, 점포는 일정선을 넘지 않은 채 좌판을 벌였다. 통행인의 불편을 줄이려는 상인들의 세심한 노력이 보이는 듯했다.

"망원동 시장에 처음 왔다"는 김영선 씨(32·주부·은평구 응암동)는 "재래시장 하면 통행이 힘들 정도로 무질서하게 늘어선 좌판이 떠오르는데, 이곳은 바닥도 깔끔하고 도로가 널찍해 장보기가 편리하다"고 말했다. 정영동 씨(41·쌀집

운영)는 "상인회에서 통행을 막지 않도록 고객선을 긋고 지속적으로 관리하고 있다"고 들려주었다.

장바구니가 달린 자전거를 타고 시장을 누비는 주부들이 눈에 많이 띈다. 소형 핸드카트에 짐을 실은 채 여기저기 장을 보는 노인들도 심심찮게 보인다. 카트나 자전거가 다녀도 쇼핑하는 손님들이 불편이 없었다. 상인회에서 아예 쇼핑카트를 도입하자는 이야기도 나왔다고 한다.

점포 인테리어도 달랐다. 상품이 가게 진열장에 차곡차곡 정리되어 손님이 들어가 고를 수가 있다. 간판에는 '서울 전역 배달가능'이라는 문구도 적혀 있다. 현재는 점포별로 각자 배달을 하지만, 앞으로는 상인회에서 통합 배달서비스를 할 계획이라고 한다. 이 시장에서는 대부분의 점포가 상품권 가맹점이어서 고객과 거리를 좁히고 있다.

골목을 사이로 마주한 두 과일가게가 목청을 돋우어 손님을 부르고 있었다. 한 시민은 "두 가게가 경쟁이 붙어서인지 질 좋은 과일을 아주 싸게 살 수 있다"고 좋아한다. 최진석 씨(28·과일가게 운영)는 "도매상과 직거래를 하기 때문에 싱싱한 과일을 저렴하게 팔 수 있다. 두 가게가 붙어 있어 손님을 끌어모으는 효과도 있다"고 밝혔다.

"대기업이라면 어떻게 할까를 늘 생각합니다." 아내와 함께 건어물 가게를 운영하는 정연태 씨는 예전에는 어엿한 중견 기업에 다녔다. "대기업의 무서운 점은 조직의 응집력과 끝없는 자기 쇄신이다. 재래시장도 계속 손님들에게 다가가는 새로운 시도를 해야 한다. 우리 시장에는 젊고 생각이 트인 상인들이 많아 일주일에 한 번 회의를 할 때마다 나오는 아이디어가 무궁무진하다"고 자랑을 털어놓았다.

이곳에서 10년째 빵집을 하고 있다는 김영예 씨(55)는 "상암 월드컵경기장에 대형마트가 처음 들어섰을 때, 상인들이 '이대로 있으면 다 죽는다'는 생각으로 한데 뭉쳤다. 시장을 말끔하게 단장하고 손님 한 명 한 명을 소중하게 여기자, 홈플러스로 떠났던 주민이 다시 돌아왔다. 이제는 대형마트뿐 아니라 SSM 상대로도 해볼 만하다"고 강한 자신감을 보였다.

일본에 '고려신사'(일본명 고마진자)라는 이름을 지닌 신사가 있다. 이 흔치 않고 유래가 궁금한 신사를 탐방한 기사를 본다. 1994년 말 필자가 일본 특별취재반에 포함되어 쓴 기사다.

재일 동포의 정신적 귀의처歸依處

도쿄 북서쪽 사이타마 현 고마진자高麗神社 **탐방**

일본 땅 한 모퉁이에서 우리의 장승을 만나는 것은 경이로운 일이다. 당당하게 서 있는 천하대장군과 지하여장군을 만나면서 느끼는 반가움이 또한 굴절된 한일관계를 돌아보게 한다. 도쿄의 이케부쿠로 역에서 북서쪽으로 전철로 50분 정도 달리면 당도하게 되는 사이타마 현의 고마高麗 역 광장 한복판. 부리부리한 눈매로 보는 이를 압도하는 4m 정도의 소나무로 된 장승이 나란히 서 있다. 검붉게 칠한 색이 다소 어색하지만, 사나워 보이면서도 한편으로는 정겹다.

옆에는 장승의 유래를 밝혀놓은 안내문도 서 있다. '조선에서는 눈이 빛나고 무서운 형상을 한 천하대장군과 지하여장군을 세워 재앙을 막고 악귀 등을 퇴치한다.'

역에서 고마진자(고려신사)까지는 걸어서 45분 정도 걸리는 시골길이다. 주변에는 고려언덕, 고려본향本鄕, 고려다리, 고려소·중학교, 고려왕 자쓰코若光의 묘 등 온통 '고려'라는 이름이 붙어 있다.

고마진자 앞은 넓은 주차장과 진입로 등이 잘 꾸며져 있다. 진입로를 따라 50m 정도 걸어 들어가면 지붕 앞부분을 타원형처럼 꾸미고 금박을 입힌 전형적인 일본의 진자(신사)가 서 있다. 일본의 중요문화재이기도 한 이 신사는 잘 정돈돼 있다. 신사의 안내 서적들에 의하면 고려(고구려를 가리킴)는 중국 문화를 받아들여 강대한 선진국을 이룩했고, 일본과도 왕래가 잦아 일본 문화에 지대한 공헌을 했으나 668년 당에 의해 망했다. 고려의 많은 왕족과 귀족들이 일본의 각지로 망명해 와 그들을 한 곳으로 안주시켰다. 고려 왕족인 자쓰코에게 '고려왕'이라는 칭호를 주고 주민을 다스리게 한 결과 황무지였던 주변을 개간하고 산업을 일으키니 그의 공덕을 기려 세운 것이 고마진자라는 것이다.

지금 일본인들은 고마진자를 '출세와 행운을 열어주는 신사'로 여기고 있다. 신사의 관계자들은 "메이지 시대 이후 참배자 중에서 6명의 총리가 나왔고 연간 30만 명 정도의 참배객이 모여든다"고 전한다. 많은 장년층과 젊은이들이 참배를 하고 있다. 향을 사르고 처마에 매달린 줄을 잡아당겨 방울을 울리며 무언가를 간절히 기원하고 있다. 그 모습은 그 신사의 기원인 한반도와는 아무 관련이 없어 보였으나, 어린 자녀들에게 일본 전통 의상을 입혀 장래의 행운을 빌어주는 부모의 모습은 아름다웠다.

그들이 이곳저곳에 걸어놓은 부적 '합격 수守', '회마繪馬', '교통안전 수' 등을 뒤집어본다. '도쿄고쿠사이東京國際대 합격 기원', '사업번창 기원' 등 현실적인 메시지들이다.

무심코 넘겨보다가 번쩍 정신이 든다. '남북통일 기원', '조국의 남북통일 기원'……. 10여 개가 같은 내용이다. 우리 식의 이름과 함께 '16만 수련회원이 선공'이라는 구절도 적혀 있다.

교포들일 것이다. 일본에서 겪는 별의별 차별 대우 속에 자신들의 정신적 귀의처라고 여긴 고마진자를 찾아 민족적 메시지를 남겨놓은 것이리라. 주위는 어두워 오는데, 뜨거운 기운이 오랫동안 가슴을 채우고 있었다.

≪한국일보≫(1995.3.9) 고마(사이타마 현) 박래부 기자

어쭙잖게 자평을 하자면, 이런 것들을 담고자 한 르포 기사라고 말할 수 있을 것이다. 그것은 고려신사가 지닌 희귀한 역사의 흔적을 더듬은 것, 그것을 통해 외래문화를 수용하는 일본인의 자세를 엿본 것, 또한 거기에 남아 있는 재일동포들의 간절하고도 애족적인 염원을 만날 수 있었던 것 등이다.

같은 시기에 쓴 또 하나의 르포 기사를 소개한다. 세계 속에서도 장수하는 국민으로 널리 알려진 일본인의 삶을 통해 장수의 비결을 알아보고자 한 글이다. 일본 제1의 장수촌 이하마 마을 르포 기사다.

인구 350명 중 65세 이상 80명
늙어도 대부분 앓아눕는 일 없어

"사랑을 하니까 머리에 염색을 하지"

92세의 할아버지가 웃으면서 염색을 하는 까닭을 설명하자, 옆에 있던 할아버지 할머니들이 한바탕 따라서 웃는다. 노인답지 않게 웃음소리가 건강하고 명랑하다. '일본 제1의 장수마을'로 알려진 시즈오카 현의 해변마을 이하마伊浜. 도쿄에서 남서쪽으로 기차로 두 시간, 버스로 한 시간을 달려 찾아온 이 벽지에서는 할아버지와 할머니들이 어린이 수가 줄어 폐교가 된 옛 초등학교에 모여 게이트볼과 고리 던지기 연습을 하고 있었다.

운동을 하는 노인 17명 중 안경을 쓰거나 보청기를 낀 사람은 거의 없고, 4명의 할머니가 머리 염색을 했다. 사이토 마스오齊藤增男(92) 할아버지가 다시 "집사람이 먼저 세상을 떠났는데, 사랑도 보충을 해야 하니까 이 중의 두 사람이 내 여자 친구"라고 말하자 또 한 번 웃음이 터진다.

이 마을 노인회는 40개 팀이 참가한 지난해의 '미나미이하마초南伊浜町 노인클럽연합회 고리던지기 대회'에서 우승을 했는데, 올해도 우승을 하려고 맹연습 중이다.

이하마 마을은 122가구에 인구가 350명인데, 그중 65세 이상의 노인이 80명으로 전체의 22.9%이다. '노인 천국' 일본에서도 65세 이상의 노인이 전체의 13.3%인 점과 비교하면 2배에 가깝다.

비교적 젊은 편이어서 운동을 지도하던 히타 도쿠지로肥田德次郎(76) 할아버지는 "우리는 대부분 이 주변에서 태어나 평생을 부지런히 일하며 살아왔다. 우리 마을에서는 늙어도 않아눕는 일 없이 살다가 수명을 다하는 경우가 많다"고 자랑한다.

푸른 바다 양쪽으로 몇 개의 섬이 기막히게 아름다운 풍경을 만들어주고, 뒤로는 해발 200m 정도의 야산이 바람을 막아주는 이 마을의 주민 생업은 거의 다 반농반어半農半漁이다.

마가레트 꽃과 귤 등을 재배하는 비닐하우스가 산비탈의 밭을 온통 뒤덮고 있고, 앞바다에는 어선과 외지인의 낚싯배가 떠 있거나 포구에 매어져 있다. 자연이 만들어주는 경치는 이처럼 아름답지만, 삶의 조건이 유리하다고는 말할 수 없다. 그러나 편안하고 아늑한 정서를 가져다주는 자연과 부지런히 일해야 하는 삶의 조건이 절묘하게 결합되어 장수마을을 이루고 있기도 하다.

노인들은 80세가 넘으면 일에서 손을 떼고 하오마다 운동장에 모여 하루 4시간 정도 운동을 하며 소일을 하는데, 한 달에 두 번씩은 노래하고 춤을 추는 특별행사도 열린다.

80세의 오사마 기미코 할머니는 "우리 마을 사람들이 신선한 야채와 칼슘이 많은 해초류, 생선 등을 먹는 것이 건강에 도움을 주는 것 같다"고 말했다.

운동장에서 30m 정도 걸어 내려오면 마을 복판에 오래된 절이 바다를 향해 서 있다. 절 앞에 세워진 '일본 제1의 장수촌 문화를 전하는 후쇼지 普照寺'라는 팻말이 자랑스러워 보였다.

《한국일보》(1995.3.16) 이하마(시즈오카 현) 박래부 기자

고려신사 르포 기사는 그 신사와 주변 풍경을 상세하지만 객관적으로 스케치하듯이 기술한 글이다. 이에 비해 장수마을 탐방 기사는 그곳 할아버지와 할머니들이 사는 모습을 현장의 정서가 느껴지도록 묘사하고자 한 기사다. 라빈드라나드 타고르 Rabindranath Tagore 의 시처럼 바닷가에는 아이들만 모여 노는 것이 아니다. 80, 90대의 노인들이 밝고 긍정적인 자세로 모여 노는 것이 일본 바닷가 마을 이하마의 풍경이었다.

가능한 한 그들의 삶에 대한 자세와 농담 등을 육성으로 전하려 했다. 바다와 산비탈을 오르내리면서 평생을 근면하게 일하고 긍정적으로 생각하고 소박하지만 신선한 음식을 먹으며 장수하는 이하마 노인들을 그리고자 한 르포 기사다.

6

인터뷰 기사

화제의 중심에 있거나 대중의 궁금증을 자아낼 만한 인물을 인터뷰하는 것은 가독성이 높고, 그만큼 가치 있는 기사가 된다. 인터뷰 기사는 인터뷰를 통해 실체적 진실에 더 다가서기 위한 수단이다. 인터뷰 취재를 통해 인터뷰어interviewer(인터뷰하는 사람)가 인터뷰이interviewee(인터뷰에 응하는 사람)에 대해 지니고 있던 선입견이나 예상했던 결과와는 다른 면, 혹은 알려지지 않은 면을 발견하게 되는 경우도 흔하다.

인터뷰에는 서로가 선의를 지니고 대화하는 우호적 만남이 있는가 하면, 비리나 혐의 등을 확인하기 위한 비우호적 만남도 있다. 어느 경우든 직접적이고 깊은 정보와 아울러 육성적 분위기를 살리는 데 묘미가 있다. 기자는 가능하면 많은 질문을 바탕으로 다양한 정보를 알아낸 후, 많은 소재 중에서 의미가 적은 부분은 생략하고 핵심적이고 중요한 사실을 선택해서 기사를 쓴다. 물론 쓸 지면이 적으면 핵심적인 내용만 쓸 수밖에 없다.

■ 인터뷰 취재의 유의점

가. 사전 준비를 철저히 해야 함(작가의 경우 그의 소설 읽기)

나. 의미 있는 답을 이끌어낼 질문

다. 예의를 갖추고 신뢰를 주어야 함

라. 기울여 듣고 정황을 넓게 파악해야 함

마. 공격적 인터뷰는 좋으나 훈계나 논쟁으로 흐르지 않도록 주의

바. 편파적인 질문만 하거나 비난받을 사람을 일방적으로 대변하지 않는가 하는 점에 주의

사. 중요한 부분은 상대가 피하더라도 답을 요구할 것

아. 피차 시간을 절약해야 함

■ 질문 방법

가. 쉽고 편한 질문에서 어려운 질문으로 나아감

　　기본적 정보는 필수: 나이, 직업, 긴 기사에서는 살아온

역징 등

나. 질문도 중요한 기사다. 군더더기 없이 간결할 것. 그러나 단순한 질문보다 깊이 있는 질문이 중요

다. 상대의 의도나 정서를 면밀하고 주의 깊게 파악하며 질문

라. '노코멘트'에는 다양하게 대응

마. 분위기가 되면 난처한 질문도 서슴지 않음

바. 전문가 앞에서 해당 분야에 대한 나의 무지를 감출 것은 없음

사. 예상 방향과 달라도 좋은 기사는 가능함

아. 인터뷰를 끝낸 후에도 전화 확인 등의 추가 취재를 통해 기삿거리는 찾아짐

인터뷰 기사를 쓸 때, 특별한 경우나 분위기가 아니면 대부분 '~합니까?' '~입니다' 등 경어체 문장을 쓰지 않는다. 시공간, 인과관계 등 구체적 정보를 기술할 필요가 있다.

인터뷰 기사 형식에도 앞부분에 전체 내용을 간략히 소개한 후 응답 내용을 차례대로 충실히 기술하는 방식이 가장 많이 이용된다. 또한 질문과 응답을 순서대로 풀어 쓰는 방식 등 여러 종류가 있다. 그러나 대부분 기사 전체의 구조, 짜임새, 강조할 점, 미학 등을 고려하여 인터뷰이가 얘기한 내용을 모두 싣지는

않고, 읽기 좋게 처리하거나 배치한다.

따라서 내용을 그냥 풀어 쓰기보다 대화나 지문을 넣어 입체적으로 구성하는 것도 중요하다. 'Q'와 'A' 형식으로 쓰는 경우도 있으나, 지면을 효과적으로 사용하기 위해서라면 이는 피하는 편이 좋다.

이해인 수녀 시인을 인터뷰한 기사를 보기로 한다. 그분은 지금 문단의 유명한 원로 시인이지만, 30년 전쯤에는 그가 수도자로서 언론을 피하려 했기 때문에 대중적으로 비교적 덜 알려져 있었다. 그 무렵에 작성된 이 기사에서는 이 수녀가 말한 부분은 경어체 문장을 그대로 쓰고, 지면을 경제적으로 이용하기 위해 지문을 많이 사용했다.

신문으로서 비교적 긴 편인 이 기사는 이 수녀의 문학적 수업과 성취, 수도자로서의 일상, 삶의 역정 등을 두루 짚음으로써 시인에 대한 독자의 이해를 넓히려 했다. 언론에 노출되는 것을 피하려 하는 이 수녀를 인터뷰한 이 기사는 특종에 가까운 의미도 지니고 있었다.

베스트셀러 수녀 시인 이해인

시작詩作의 바탕은 기도와 묵상

한사코 인터뷰를 거절하는 이해인 수녀 시인을 겨우 만난 것

온 토요일 히오 이 수녀기 일히고 있는 성분도병원(시울 용산구 동자동)에서였다. 이 병원은 산부인과와 소아과 전문의 조촐한 4층 건물이다.

"수도자의 신분으로 매스컴에 오르내리는 것도 거북하고, 시도 자랑할 만한 게 못 되는 걸요. 또 학교의 논문 준비 때문에 바빠서 외부 사람들과는 가능한 한 안 만나려고 했어요." 그는 지난해 3월부터 서강대 대학원 종교학과에서 공부하고 있으며, 석사학위 논문을 쓰느라 무척 바쁘다고 한다.

"저의 시는 거의가 기도와 묵상에서 이루어진 것들입니다. 제게 시를 쓸 수 있는 재능이 있다면, 그것을 주님이 주신 선물로 알고 거부하지는 말아야겠다고 생각하고 있습니다."

『민들레 영토』, 『내 혼에 불을 놓아』, 『오늘은 내가 반달로 떠도』 등 3권의 베스트셀러 시집(총 10만 부 이상 발행)을 상재한 수녀 시인의 말은 겸허하지만 의지는 뚜렷하다.

"제가 있던 부산 광안리의 올리베따노 성베네딕도 수녀원은 풍광이 무척 아름다운 곳이에요. 언덕 아래는 바다가 있고 밤에는 달빛이 침실까지 비춰서 늘 기도에 잠길 수 있는 곳이지요. 누구나 그곳에 오면 시를 쓸 수 있을 거라고 말할 만하지요."

이 수녀의 빼어난 자연시들은 "대개가 광안리 수녀원의 뜰에서 만들어진 것"이라고 한다. 이 수녀는 그곳에서 민들레, 도라지, 분꽃, 코스모스, 치자꽃, 백합, 파꽃 등 작고 연약한 꽃들에서 신의 섭리를 느끼는 자연의 관찰자가 된다.

흔한 '파꽃'을 보고는 〈뿌리에서 피워 올린/ 소망의 씨앗들을/ 엷은 베일로 가리고 피었네/ 한 자루의 초처럼 똑바로 서서/ 질긴 어둠을/ 고독으로 밝히는 꽃〉이라 노래하고, 이름 모를 '바다새'는 〈아무에게도 들키지 않은/ 이 작은 가슴의 불길/ 물위에 앉아/ 조용히 식히고 싶어/ 바다로 온 거야〉라고 해석하기도 한다.

이 수녀의 자연에 대한 사랑의 시는 어떤 직업적인 시, 세련된 기교의 시보다도 감동적이지만, 박두진, 구상 등 선배 시인들은 찌르는 듯한 순수함으로 짜인 이 수녀의 신앙시들을 더욱 사랑하고 있다.

〈당신이 축복해 주신 목숨이/ 왜 이다지 배고픕니까/ 내게 모든 걸 다 주셨지만/ 받을수록 목마릅니다/ 당신께 모든 걸 드렸지만/ 드릴수록 허전합니다/ 언제 어디서나 끝이 나겠습니까〉「가을 편지」에서.

"다만 거짓 없이 살고 싶어 애쓰는 한 수도자의 기교 없는 육성쯤으로 이해해 달라"는 이 수녀의 시들은 이처럼 종교적이고 가녀린 것이기도 하지만, 때로는 경쾌하기도 하다.

"현실 비판적인 시도 써보려 했으나 뜻대로 안 되더군요. 기도가 시작의 바탕이 되곤 하니까, 불행한 이웃들을 위해 기도할 땐 참여의 시를 쓰고 싶은 마음이 솟기도 해요. 그러나 써놓고 보면 어쩐지 제 시가 아닌 것 같아요."

이 수녀의 시는 기교 없는 정직성으로 대중성과 전문성을 동시에 획득하고 있으나, '무기교'가 약점이기도 하다는 사실을 본인도 잘 알고 있다.

"제 시가 연애시처럼 읽히는 것을 알았을 때는 피곤하기도 하고 하느님께 죄를 짓는 것 같은 기분이 들었어요. 그래서 하느님께 '시를 쉽게 쓰지는 않겠다'는 약속도 많이 했지요. 하지만 저는 사실 시 한 편을 쓰는 데 많은 시간과 어려움을 겪습니다."

가톨릭 집안에서 자라 자연스럽게 수녀가 된 그는 시인이 된 것을 자연스러운 신의 뜻으로 받아들이고 있지만, 본격적인 시 수업이 없이 '베스트셀러 시인'이 된 것을 곤혹스럽게 여기는 것 같다.

그러나 그의 세 번째 시집의 발문을 써준 오빠 이인구 씨(카피라이터)와 함께 그도 문학을 좋아하는 분위기에서 성장했고 여고 시절엔 전국 고교 백일장에서 장원을 차지한 경험도 있다.

1964년 여고 졸업 후 곧바로 수녀원에 들어간 그는 1970년 ≪소년≫지에 「아침」, 「하늘」 등의 동시로 추천을 완료했다. 그는 이때부터 명숙이란 본명 대신 해인이란 자작 필명을 사용하기 시작했는데 영세명은 클라우디아.

1970년 8월에는 필리핀의 세인트루이스대학에서 장학금을 받아 영문학을 공부했다. 졸업논문은 미국의 여류시인 에밀리 디킨슨Emily Dickinson 의 자연시와 김소월의 서정시를 비교분석한 것이었고 지금도 디킨슨을 좋아한다고 한다.

1975년 귀국한 그는 그동안 써 모은 시가 어느 수준인가를 알아보라는 주위의 권고에 따라 홍윤숙 씨와 박두진 씨에게 보인 결과, 두 선배 시인의 칭찬과 함께 첫 시집 『민들레 영토』를 발간함으로써 정식으로 문단에 데뷔했다.

"전에 수도생활이 어렵게 느껴질 때는 '내가 시간을 허비하고 있는 것이 아닌가' 하는 회의가 들기도 했어요. 그럴 때마다 시를 씀으로써 극복하려 했으나 신앙에 대한 확신이 흔들린 것은 아니었어요"라고 말하는 그는 2년 전부터 '해바라기모임'이란 성소聖召 모임을 이끌어가고 있다. 이 모임은 수녀가 되려는 미혼 여성들에게 교리와 수녀원 생활을 가르치는 것인데 그는 문학 강의와 함께 인생 상담도 해주고 있다.

"수녀원에 있을 때는 하루에 3, 4번씩 자매들끼리 공동기도를 했으나, 공부하러 서울에 온 후에는 그렇게 못하는 것이 늘 마음에 걸린다"는 그는 기도시간인 6시가 가까워오자 조용히 자리에서 일어섰다.

≪한국일보≫(1984.10.26) 박래부 기자

7

문화부·체육부 기사

1. 문화부 기사

우리 언론에서 문화부 기사는 주로 문학과 출판, 미술, 음악, 연극, 영화, 방송, 여성, 가족 등의 장르를 다룬다. 사회나 정치, 경제 등에 비해 연성인 기사가 많아 문화면을 '쉬어가는 면'이라고 부르기도 한다. 또한 현실적으로 편집국이나 보도국에서 여성 기자가 많이 근무하는 부서이기도 하다.

문화부 안에서도 담당 장르가 다양해서 기사 쓰기도 약간씩 다를 수 있지만, 전반적으로 스트레이트 기사가 적기 때문에 늘 그에 적합하게 '문화적 향기'가 느껴지는 기사를 쓰고자 하는 시도를 게을리하지 않는 것이 중요하다. 이 책에서 강조하는 '문학적 기사 쓰기'가 제 역할을 다하고 빛을 발할 수 있는 지면이라고도 말할 수 있다. 그런 면에서 볼 때 문화부 기사는 물처럼 부드러운 것 같아도, 정작 물을 다루기가 쉽지 않듯이 쓰기도 그리 간단하지 않다.

문화부 기사에서는 예술가나 그의 작품 등 취재 대상의 특징과 성격, 개성, 메시지 등을 다른 부서 기사보다 선명하게 부각시킬 필요가 있다. 또한 타 부서 기사와는 다른 호흡과 문체로 변별력 있는 기사를 추구하는 것이 좋다. 해당 기사에 어울리도록 부드럽고 따뜻한 문체의 기사를 쓰되, 쉬운 내용은 좀 어렵거나 현학적으로, 어려운 내용은 쉽게 풀어 쓰는 것도 권장할 만하다.

가능하면 격조와 품위가 있고, 또 진부하지 않은 말을 사용하면서 아포리즘(금언, 격언, 잠언, 경구 등)과 고사 등을 인용해서 쓰는 것도 필요하다. 사회부, 정치부 등의 기사보다 비교적 6하원칙에 크게 구애받지 않아도 된다. 또 긴 기사를 쓸 때는 기자 나름의 본질적 미학이나 주관을 기술하는 것도 기사에 신뢰감을 줄 수 있다.

지금은 사회운동가이자 사진작가로도 크게 활동하고 있는 박노해 시인에 관해 쓴 기사를 참고해본다. 1980년대 후반을 흔들어 놓았던 '박노해 현상'의 출발을 알리는 기사였다.

인기 높은 '노동자의 시집' — 박노해 씨의 『노동의 새벽』

사회의 한 귀퉁이에서, 노동자가 피곤한 육신과 생활을 가누며 시를 쓰더라도 그리 놀라운 일은 못 된다. 그러나 그가 쓴 시가 평단의 주목을 받고 시집이 출판되어 베스트셀러에 올랐다면, 그것은 아직은 우리 사회에서 경이로운 일이다.

노동자 시인으로 알려진 박노해의 첫 시집 『노동의 새벽』(풀빛사 간)이 나온 지 4개월 만인 지난주부터 베스트셀러에 올랐다. (종로서적 집계 시 부분 8위)

'저임금과 장시간 노동의 암울한 생활 속에서도 희망과 웃음을 잃지 않고, 열심히 살며 운동하는 노동 형제들에게 조촐한 술 한 상으로 바칩니다'라는 헌사가 실려 있는 『노동의 새벽』은 거의 노동 현장에서 쓰인 시로 되어 있다.

박노해의 시는 한결같이 "현장에서 나오는 육성적 힘으로 인해 순수시보다는 오히려 민중시를 지향하는 시인들에게 충격을 주고 있다"는 평을 듣고 있는데 『노동의 새벽』을 사가는 층은 거의 대학생들이다. 대학생들은 『노동의 새벽』을 통해 노동 현실을 이해하고 있으며 그들이 쓰는 글에서는 박노해의 시가 단골로 인용되고 있다.

박노해에 관해서는 『노동의 새벽』에 ▲1956년 전남 출생 ▲15세에 상경하여 현재 기능공 ▲'일하는 사람들의 미래'

(≪시와 경제≫ 제2집)에 「시다의 꿈」 외 6편 발표로만 간략히 소개되고 있을 뿐 거의 알려진 것이 없다.

그는 자신이 노출되는 것을 극히 삼가고 있는데 『노동의 새벽』을 출판한 풀빛사의 편집인 김명인 씨는 "그는 가끔 '시집은 잘 팔리느냐'고 전화만 걸어올 뿐 인세도 근처 다방으로 불러내어 받아간다"고 한다. 그를 알 만한 출판사에 물어봐도 시원한 답을 들을 수가 없다.

모두 '박노해'가 본명인가 하는 점부터 자신 있게 답하지 못한다. 그러나 그에게 원고를 받고 다방에 나가 인세를 전해주는 풀빛사 대표 나병식 씨는 "그를 신비해할 것은 없고 불순한 사람처럼 보아서는 더욱 안 된다. 그는 평범한 노동자이다"라고 말한다.

1970년대 중반 이후 유동우의 「어느 돌멩이의 외침」, 송효순의 「서울로 가는 길」 등 근로자의 체험 수기와 문학작품이 활발히 나오기 시작한 이래 박노해만큼 본격 문학으로 평론가들에 의해 거론된 인물은 없다.

문학평론가 김윤식, 임헌영 씨는 지난해 시 창작 활동을 가장 활발하고 뛰어나게 한 시인 5명 가운데 한 명으로 박노해를 꼽았으며 염무웅 씨도 ≪월평≫에서 그를 호평한 바 있다.

그의 시는 자신이 '노동자로서 무엇을 위해 어떻게 행동할 것인가' 하는 확실한 현실 인식 위에서 쓰인다. 「통박」이라는 시에서는 〈어느 놈이 커피 한 잔 산다 할 때는/ 뭔가 바라는 게 있다는 걸 안다/ (중략) / 우리들이 일어설 때/ 노사협조를 되뇌며 물러서는/ 저 인자한 웃음 뒤의 음모와 칼날을/ 우리는 안다/ 유식하고 높은 양반들만이 지혜로운 것은 아니다/ 일찍이 세상 바닥 뒹굴며/ 눈칫밥을 익히며/ 헤아릴 수 없는 배신과 패배 속에/ 세상 살아가는 통박이 생기드만/ (후략)〉이라고 현실 인식의 과정을 그리고 있다.

그렇다고 그의 시가 거칠지만은 않다. 그는 〈나면서부터인가/ 노동자가 된 후부터인가/ 내 영혼은 불안하다〉고 「평온한 저녁을 위하여」 간절한 시를 쓰기도 한다.

평론가 채광석 씨가 '민중문학의 백미'라고 극찬하고 있는 그의 시들은 치열한 전투성이 서정에 의해 절제됨으로써 시로서 성공하고 있다. 마찬가지로 그가 드러남을 자제하는 것이 오히려 그가 생명이 긴 노동자 시인이 될 수 있는 근거가 될 것이다.

《한국일보》(1985.2.20) 박래부 기자

이 기사는 박노해의 작품세계와 함께, '노동자 시인'이 쓴 시집이 문단에서 본격적인 호평을 받으며 젊은 층의 정서와 취향에 맞게 된 이채로운 문학적 현상에 주목하고자 했다.

참고로, 같은 날 박노해에 대해 같이 쓰기로 한 타사 기자가 다른 초점과 분위기로 쓴 글을 옮겨본다.

'베스트셀러로 떠오른 무명 시인의 노동시'

유명 시인들로 가득 찬 시집 베스트셀러 목차에 전혀 낯선 새 이름이 올라 눈길을 끈다. 대형 서점 종로서적센터가 집계한 시 베스트셀러에 이해인, 조병화, 김남조, 김지하 씨 등에 이어 무명 시인 박노해 씨가 등장(연 2주째 8위)하고 있는 것이다.

제목은 『노동의 새벽』. 책날개에 1956년 전남 생, 15세에 상경하여 현재 기능공, ≪시와 경제≫ 제2집에 「시다의 꿈」 외 6편 발표라고 간략히 적힌 내용으로 보아 그가 노동 현장의 근로자임을 알 수 있을 뿐, 그 흔한 사진 한 장 실려 있지 않다.

쟁쟁한 이름들 속에 떠오르기 시작한 『노동의 새벽』에 대해 서점 정보통인 김상령 씨(종로서적 구매과장)는 "주로 대학생들이 많이 찾는다는 것만 알 뿐, 다른 정보는 전혀 알고 있지 못한다"고 털어놓는다.

『노동…』에 실린 40여 편의 시는 다른 시인들이 그려온 세계와는 달리 순전히 노동 현장의 체험에서 우러나온 것들.

갓 30의 박 씨는 그 생활 속 아픈 정서와 희망을 콧날이 찡하게 울려오는 소박한 언어와 틀로 구성지게 엮어내 아주 건강한 각성과 마음 흔드는 감동을 전해준다.

1970~1980년대 주로 지식인층에 의해 이뤄져온 민중문학과는 다른 차원, 노동자 자신에 의해 걸러진 높은 문학적 성과로 전문가들(문학평론가 김윤식, 염무웅, 채광석 씨 등)도 평가한 바 있다. 박 씨와『노동…』에 대한 이러한 평가는 그의 데뷔작「시다의 꿈」에서부터 출발한다.

〈긴 공장의 밤/ 시린 어깨 위로/ 피로가 한파처럼 몰려온다// 아직은 시다/ 미싱대에 오르고 싶다/ 미싱을 타고/ 장군처럼 당당한 얼굴로 미싱을 타고/ 언 몸뚱아리 감싸줄/ 따스한 옷을 만들고 싶다/ 찢겨진 살림을 깁고 싶다// 갈리진 세상 모오든 것들을 하나로 연결하고 싶은…〉

노동의 일상과 그로부터 꿈꾸어지는 희망을 건강하게 조각한 이 시가 그의 마음이라면, 박 씨의 몸이 담긴 일상생활은「신혼 일기」에서 잘 드러난다.

〈길고긴 일주일의 노동 끝에/ 언 가슴 웅크리며/ 찬 새벽길 더듬어/ 방안을 들어서면/ 아내는 벌써 공장 나가고 없다/ 지난 일주일의 노동/ 기인 이별에 한숨 지며/ 쓴 담배연기 어지러이 내어 뿜으며/ 바삐 팽개쳐진 아내의 잠옷을 집어 들면/

혼자서 밤들을 지낸 외로운 아내 마음에/ 눈물이 난다// 밥상을 마주하고/ 지난 일주일의 밀린 얘기에/ 소곤소곤 정겨운/ 우리의 하룻밤이 너무도 짧다// 서로의 사랑으로 희망을 품고 돌아서서/ 일치 속에서 함께 앞을 보는/ 가난한 우리의 사랑, 우리의 신혼행진곡〉

시 「바겐세일」 등에서 생활의 각박함에 때로 분노하기도 하나, 박 씨는 「진짜노동자」, 「노동의 새벽」에서 마침내 자기 몫을 찾고자 하는 진정한 소망에 이르는 과정을 빈틈없이 보여주기도 한다.

그의 시집을 펴낸 풀빛사 편집인 나병식 씨는 "박 씨는 말수가 아주 적고 시를 밥 먹는 것처럼 평온한 일상으로 대할 뿐, 전문 시인들이 요구하는 사회·문학적 욕구나 평판에 대해 전혀 무관심한 것 같다"고 전한다.

자기 체험에, 생활에 또 문학에 대해 이처럼 '건강한' 틀을 지켜가는 박 씨가 또 어떤 세계를 펼쳐줄지 기대된다.

2. 체육부 기사

나이 든 사람들도 즐겨 보지만, 스포츠면만큼 젊은 독자가 많이 찾는 면도 드물 것이다. 스포츠 자체가 연예 소식과 함께 많은 젊은 층이 열광하는 분야다. 따라서 젊은 층에게 친숙한 스포츠 기사를 특히 재미있고 다양하게 쓸 준비를 해야 한다.

기사를 쉽게 쓰는 것은 중요하지만, 스포츠 기사는 때로 전문가적 식견과 기록, 분석 등을 들려줄 필요가 있다. 독자나 시청자 중에는 해당 종목에 대해 기자 못지않게 전문가적인 지식을 가지고 있는 사람도 많기 때문이다. 그런 이유에서라도 문화부와 체육부는 모두 전문 기자를 육성할 필요가 있다.

스포츠계에서 가끔씩 불거져 나오는 승부 조작, 성 추문 등에는 준엄하고 냉철하게 기사를 써야 하지만, 선수들이 최선을 다하게 되는 경기에 대해서는 기본적으로 애정을 가지고 써야 한다.

축구 선수에 대한 두 편의 기사를 예로, 공감이 가지 않는 기사(A기사)와 공감 가는 기사(B기사)를 설명하고 싶다. 골을 넣은 박주영과 도우미 역할을 한 이동국에 대해 쓴 이 기사들은 스포츠와 관련된 단순한 흥미의 문제, 선수에 대한 애정 여부, 기사 작성의 진지성 등을 드러내 보여준다. 2009년 9월 한국 축구 대표 팀이 호주와 친선경기에서 승리한 뒤의 기사다.

A기사 요약

박주영이 자신의 능력을 평가 절하했던 핌 베어벡 감독을 상대로 높은 결정력을 과시하며 대승의 발판을 마련했다. 박주영은 5일 호주와의 친선경기에서 자신의 13번째 A매치 골을 터뜨렸다. 박주영은 2007년 아시안컵 당시 베어벡 감독의 최종 명단에서 탈락했다. 박주영 슬럼프의 시발점이 되었다. 하지만 지난 시즌 AS모나코로 이적해 한국 축구의 간판 공격수의 능력을 증명했다. 그리고 호주를 상대로 골을 터뜨리며 베어벡 감독 앞에서 보란 듯이 자신의 능력을 증명했다.

하지만 경기장 밖에서의 박주영의 모습은 여전히 아쉬움을 남긴다. 박주영은 지난달 파라과이전에 이어 또다시 기자단을 피해 눈살을 찌푸리게 했다. 박주영은 "제가 뭘 잘한 것도 없는데요"라며 옆으로 피해 버스에 올라탔다. 그의 속내를 들을 수 있는 짧은 순간이 무산된 것은 언론은 물론 팬들을 위해서라도 안타까운 대목이다.

B기사 요약

이동국은 지난 파라과이전에 이어 호주와의 평가전에 선발로 출전했다. 이동국은 비록 득점 없이 후반 교체됐지만 도우미로서의 활약은 고무적이다. 박주영과 투 톱으로 출격한 이동국이 수비수를 달고 측면으로 빠짐으로써 이청용, 박지성과 같은 미드필더들이 적극적으로 공격에 가담할 수 있었다. 이동국은 적극적인 수비가담과 몸을 사리지 않는 공중볼 싸움으로 경기 주도권을 잡는 것을 도왔다.

한때 이동국은 '대형 스트라이커'의 계보를 잇는 공격수로 각광받았지만 부상 등의 연유로 서서히 하락세를 걷는 듯했다. 그러나 호주전을 통해 이동국이 골을 연결하는 해결사 역할에서 궂은일도 마다하지 않는 도우미 역할로의 변신 가능성을 엿볼 수 있었다.

A기사에서 박주영의 그런 태도는 비난보다는 오히려 자제력과 성숙한 모습 등에서 칭찬받아야 한다고 본다. '언론은 물론 팬들을 위해서라도 안타까운 대목'이라는 부분도 동의하기 어렵다. 박주영에 대한 기자의 개인감정이 드러나는 듯해서 읽는 마음이 편치 않다.

B기사는 이동국이 득점 없이 교체되었지만 그의 활약을 따뜻하고 긍정적인 시선으로 바라보고 있다. 축구 선수의 경기 내용이나 역할, 컨디션 등에는 언제나 부침이 있기 마련이다. 이에 대한 이해와 애정이 느껴지는 기사다.

다음은 2014년 브라질 월드컵에서 한국이 16강 진출에 실패

하고 나서 나온 기사들이다. 처음 기사는 앞의 A기사처럼 박주영을 다루고 있다. 한국 팀과 박주영은 그 대회에서 기대했던 만큼의 활약을 보여주지 못했다. 크게 실망스러웠다. 그러나 이 기사는 기자의 감정을 과다하게 노출하지 않고 박주영이 처한 당황스럽고 난처한 처지를 사실에 근거해서 냉철하게 전하고 있다.

월드컵 박주영, 갈 데 있나… 내달부터 무적 선수

박주영(29)이 축구 인생 최대 위기를 맞았다. 박주영은 브라질 월드컵 벨기에전이 열린 27일 경기장 벤치에서 월드컵을 마감했다. 소속 팀 아스널로부터 '완전 결별'을 통보받은 직후에 벌어진 일이라 속이 더 쓰렸다.

이날 경기에 앞서 아스널은 공식 홈페이지를 통해 박주영 등 이달로 계약이 만료되는 선수 11명의 명단을 발표했다. 박주영은 7월 1일부터 소속 팀이 없는 무적 선수가 된다. 지난달 말부터 예상된 결과였다. 아스널은 5월 말 박주영을 자유이적 명단에 올려 새 시즌 구상에 그가 포함돼 있지 않다는 사실을 확인했다.

박주영은 2011~2012시즌을 앞두고 프랑스 모나코에서 아스널로 이적했다. 그러나 아르센 웽거 감독의 신임을 받지 못해 프리미어리그에서 거의 뛰지 못했다. 이후 스페인 프리메라리가의 셀타 비고, 잉글랜드 챔피언십(2부 리그) 왓퍼드에 임대되기도 했으나 부진은 계속됐다.

이번 월드컵은 박주영이 타 팀 이적을 향한 발판을 마련할 수도 있는 기회였다. 그러나 박주영은 별다른 활약을 펼치지 못한 채 고개를 숙였다.

박주영은 이번 월드컵을 앞두고 봉와직염 부상을 안고 있는데도 홍명보 감독의 신임을 업고 최종 엔트리에 이름을 올려 따가운 시선을 받았다. '의리 축구' 논란에 휩싸인 채 대표팀 유니폼을 입은 박주영은 평가전부터 계속된 부진에서 벗어나지 못했다. 브라질에 입성한 뒤에도 마찬가지였다. 조별리그 1·2차전에 연속 선발 출전한 박주영은 단 한 차례 슈팅에 그쳤다. 결국 3차전에서는 경기가 끝날 때까지 홍 감독의 부름을 받지 못했다.

2010년 남아공월드컵과 2012년 런던올림픽에서 해결사 역할을 했던 박주영은 이번 대회에서는 존재감을 보이지 못했다. 외신들마저 박주영의 실력에 의문을 품었다. 이제 박주영은 새 팀을 찾는 데에도 어려움을 겪을 것으로 보인다.

《경향신문》(2014.6.27) 김하진 기자

그 대회에서 가장 활약이 빛난 선수는 손흥민일 것이다. 손흥민은 개인적으로 월드컵 데뷔 골을 성공시기기도 했으나, 이런 선수답게 땅을 치며 아쉬워하거나 그칠 줄 모르고 패배의 아픈 눈물을 뿌렸다. 그의 눈물은 국민의 실망과 아쉬움을 덜어주는 위로의 역할도 했다. 취재 현장의 인간미와 문학적 글쓰기의 온기가 전해지는 체육부 기사 한 편을 보기로 한다.

눈물 흘린 손흥민 "미안하다⋯ 막내 몫 못했다"

손흥민(22 · 레버쿠젠)이 아쉬움에 눈물을 펑펑 터뜨렸다.

홍명보(45) 감독이 이끄는 축구 대표 팀은 27일 오전 5시(한국 시간) 브라질 상파울루의 아레나 지 상파울루에서 열린 벨기에와의 2014 브라질 월드컵 조별 리그 3차전에서 상대의 퇴장으로 1명이 많은 수적 우위에도 불구하고 0-1로 졌다.

이로써 한국은 러시아와의 1차전에서 1-1로 비긴 이후에 내리 2패를 당하며 1무2패(승점 1)를 기록, H조 최하위로 이번 대회를 마쳤다.

알제리와의 2차전에서 월드컵 데뷔 골을 터뜨린 손흥민은 조별 리그 탈락의 아쉬움 탓인지 뜨거운 눈물을 흘렸다.

손흥민은 "4년마다 한 번 열리는 대회를 오랫동안 준비했다"며 "3경기 모두 출전할 수 있어 좋았다. 뒷받침해준 형들에게 고맙고, 감독님에게도 감사하게 생각한다"고 했다.

그는 믹스트존에서 기자들과 만나 이야기를 나누는 동안 잔뜩 상기된 얼굴로 계속해서 울먹였다.

손흥민은 눈물의 의미에 대해 "상당히 아쉽다. 형들한테 너무 미안하다. 막내로서 제 몫을 하지 못했다"며 더 크게 울먹였다.

그는 이어 "많은 국민들이 새벽에 응원을 해주셨는데 아쉬운 모습을 보여드려 죄송하다. 브라질 월드컵에 와서 국민들에게 승리라는 선물을 못 드려 죄송하고, 마음이 아프다"고 했다.

또 "전체적인 면에서 진 것은 팀 전체가 잘못했기 때문에 진 것이다. 이긴 것은 팀 전체가 잘해서 이긴 것이다. 우리가 부족하다는 것을 월드컵이라는 무대에서 봤다"고 더했다.

그러나 손흥민의 나이는 아직 어리다. 한국 나이로 스물셋. 당장 9월에 있는 인천 아시안게임에 출전할 가능성도 있다. 기량만 유지한다면 월드컵도 향후 두 차례 이상 나갈 수 있다.

손흥민은 "4년이라는 시간을 또 기다려야 한다. 월드컵이라는 큰 무대를 더 착실하게 준비하겠다"며 "이번 경험을 토대로 더 멋있는 경기를 하고 싶다. 멋있는 선수들보다 한발 더 열심히 해서 잘 준비하겠다"고 답했다.

이어 "강한 선수들이 많다는 것을 다시 한 번 느꼈다. 이번 경험을 토대로 개인훈련을 더 열심히 해야 할 것 같다"고 더했다.

마지막으로 "데뷔 골은 개인적인 입장에서 중요하다고 생각한다"면서도 "팀 성적이 안 좋았고, 개인적으로 기대한 것보다 안 좋아서 너무 실망했다. 어린 선수인 만큼 기회가 많을 것이라고 생각하고, 잘 준비해서 멋있는 모습으로 찾아뵙겠다"고 약속했다.

≪뉴시스≫(2014.6.27) 박지혁 기자

8

정치부 · 경제부 기사

정치 기사와 경제 기사 역시 다양한 형태로 쓰인다. 이 분야들은 국민 생활에 직접적이고 심대한 영향을 미칠 뿐 아니라, 국가와 민족의 나아갈 방향까지 가늠하게 해주므로 독자나 시청자의 관심도 매우 크다. 따라서 경제, 정치 기사는 특히 객관적 사실을 확보한 후 기사를 작성할 것과, 진실 보도를 항상 염두에 둘 것 등이 요구된다.

지금의 많은 언론사들은 신입 기자를 사회부에서 출발하여 편집부나 국제부, 문화부 등에서 먼저 근무시킨 후 정치부, 경제부 등으로 발령을 낸다. 따라서 대부분 사회부나 국제부 등에서 기사를 쓴 경험이 많이 있기 때문에, 정치부나 경제부에서 기사를 쓰는 것이 큰 부담은 되지 않는다. 바꿔 밀하면 다른 부서에서 다양한 기사를 다룬 경험이 있어야 정치부, 경제부에서 기사 쓰기도 덜 짐스럽다는 얘기다. 이 책에서 먼저 사회부 기사나 인터뷰, 르포 기사 쓰기 등에 더 큰 비중을 둔 것도 그런 이유다.

다른 각도에서 말하면 정치·경제 기사는 사회의 민주주의와 공동체적 삶의 방식을 좌지우지할 중요한 기사가 된다. 때문에 관심을 끄는 정치인과 정파 중심의 기사도 의미가 있지만, 그보다는 그들의 말이 지닌 정책의 의미와 타당성 여부를 심도 있게 파헤치는 것이 중요하다. 냉철하고도 정확하게 보도해야 하며, 공식적인 자리는 물론 식사 자리나 개별적으로 인터뷰할 때 등에도 객관적이고 정직한 기사를 써야 한다.

기자에게 정치·경제인은 크고 작은 정보를 줄 수 있는 취재원이므로 떼려야 뗄 수 없는 관계다. 그러나 언제나 절제와 직업적 사명감, 언론인으로서의 긍지를 가지고 그들을 대해야 한다. 개중에는 언론을 악용하고자 하는 정파적 충동을 지닌 정치인이 언론 플레이를 할 수도 있기 때문에, 기사를 쓸 때는 이 점을 경계해야 한다. 언론인 사이에서는 취재원과의 관계를 일컬어 '불가근 불가원 不可近 不可遠(너무 가깝지도, 너무 멀지도 않아야 한다)'이라는 농담 섞인 경구도 전해온다.

1. 정치부 기사

신문들이 보도한 정치부 기사의 예를 들어본다. 2014년 6월 언론인 출신 문창극 씨가 국무총리 후보자로 지명된 후의 기사들이다. 이른바 진보지와 보수지, 지방지 등 3개 신문에 각각 실린 이 기사들은 스트레이트 기사의 한 전형이기도 하다.

'정치부 기사'라는 선입견과 무게 때문에 쓰기가 다소 조심스러울 수 있으나, 기사가 비교적 단순한 구조이기 때문에 정작 쓰는 데는 큰 어려움이 없어 보인다. 이런 점은 무겁고 신중한 정치 기사나 가볍고 유쾌한 연예 기사나 사회적 기능과 관심만 다를 뿐, 집필자가 느끼는 부담이나 난이도는 비슷하다는 것을 말해 주기도 한다.

전개 구조를 보면 세 기사는 모두 ① 리드, ② 보충 사실 열거, ③ 배경 설명 등 비교적 간단하게 구성되어 있다.

① 리드의 경우 별다른 수식이 없이 간결하게 사실만 전달하고 있다. 그러나 같은 사실을 두고 어느 신문은 '청와대는'이라고 시작했고, 어느 신문은 '박근혜 대통령은'이라고 써 약간의 차이를 보인다. 또 한 신문은 '기자 출신이 총리 후보가 된 것은 이번이 처음이다'라고 앞부분에서 인사의 특징을 강조하고 있기도 하다.

②보충 사실 열거에서도 청와대 대변인의 설명을 바탕으로 대부분 후보자의 이력을 간결하게 보도했으나, ③배경 설명 부분에서는 총리 지명이 늦은 데 대한 해명을 실은 신문도 있고, 문 후보자가 보수 색채가 강하다는 점을 지적한 야권의 반발에 주목한 신문도 있다.

청와대, 국무총리에 문창극·국정원장에 이병기 지명

청와대는 10일 문창극 관훈클럽 신영연구기금 이사장(전 ≪중앙일보≫ 주필 겸 부발행인)을 국무총리 후보자로 지명했다. 또 이병기 주일대사를 국가정보원장에 지명했다. 민경욱 청와대 대변인은 문창극 지명자에 대해 "한국신문방송편집인협회 회장과 관훈클럽 총무, ≪중앙일보≫ 주필을 역임한 소신 있고 강직한 언론인 출신"이라고 말했다.

또한 "그동안 냉철한 비판의식과 합리적 대안을 통해 우리 사회의 잘못된 관행과 적폐를 바로잡기 위해 노력해왔다"며 "뛰어난 통찰력과 추진력을 바탕으로 공직개혁과 비정상의 정상화 등 국정 과제를 제대로 추진해 나갈 분이라고 생각한다"고 말했다.

민 대변인은 이병기 국정원장 지명자에 대해서는 "안기부 2차장과 외교안보연구원 연구위원, 청와대 의전수석 등을 역임하며 합리적으로 일을 처리해왔으며 국내외 정보와 안보 상황에 대한 이해가 깊은 분"이라며 "엄중한 남북관계와 한반도 상황 속에서 정보 당국 고유의 역할과 개혁을 안정적으로 이끌 분"이라고 말했다.

총리 지명이 늦은 데 대해 민 대변인은 "공직후보자에 대한 검증이 본인의 철학과 소신, 능력보다는 개인적인 부분에 집중돼 가족의 반대 등 어려움이 많아 인선에 시간이 걸렸다"고 밝혔다.

국무총리 후보에 문창극 전 중앙일보 주필

박근혜 대통령은 10일 국가 개조와 개혁을 이끌어갈 새 국무총리 후보로 문창극 전 ≪중앙일보≫ 주필을 지명했고 국가정보원장에는 이병기 주일대사를 내정했다.

문 총리후보는 충북 청주 출신으로 서울고, 서울대 정치학과를 나와 ≪중앙일보≫ 주워싱턴 특파원, 정치부장, 논설위원실장, 논설주간, 주필 등을 지냈으며, 고려대 미디어학부 석좌교수, 서울대 언론정보학과 초빙교수 등을 역임했다. 중견언론인 모임인 관훈클럽 총무와 한국신문방송편집인협회 회장도 역임했다.

민경욱 청와대 대변인은 브리핑을 통해 "문 내정자는 소신

있고 강직한 언론인 출신"이라며 "그동안 냉철한 비판의식
과 합리적 대안을 통해 우리 사회의 잘못된 관행과 적폐를 바
로잡기 위해 노력해왔다"고 밝혔다.

이어 "뛰어난 통찰력과 추진력을 바탕으로 공직사회 개혁
과 비정상의 정상화 등 국정 과제를 제대로 추진해갈 것이라
생각한다"고 덧붙였다.

새 총리 문창극 · 국정원장 이병기 지명

박근혜 대통령은 10일 새 국무총리 후보자로 문창극(66) 전
≪중앙일보≫ 주필을 지명했다. 기자 출신이 총리 후보가 된
것은 이번이 처음이다. 박 대통령은 또 국가정보원장에 이병
기(67) 주일대사를 내정했다.

문 후보자는 ≪중앙일보≫ 정치부장과 주필, 관훈클럽 총
무 등을 지냈으며 고려대 미디어학부 석좌교수, 서울대 언론
정보학과 초빙교수를 역임했다. 민경욱 청와대 대변인은 문
후보자에 대해 "뛰어난 통찰력과 추진력을 바탕으로 공직사
회 개혁과 비정상의 정상화 등의 국정 과제들을 제대로 추진
해 나갈 분"이라고 밝혔다.

충북 청주 출생의 문 후보자는 '충북 출신 첫 총리 후보자'
라는 기록도 남기게 됐다. 청와대 관계자는 "지역 화합 차원

에서 문 후보자의 출신 지역도 고려됐다"고 밝혔다.

문 후보자는 이날 오후 서울대 IBK커뮤니케이션센터에서 기자회견을 열고 "박근혜 대통령을 도와 안전한 대한민국, 행복한 대한민국, 나라의 기본을 다시 만드는 그런 일에 저의 마지막 여생을 바쳐볼까 한다"고 말했다.

야권은 문 후보자가 보수 색채가 강하다는 점을 들어 반발했다. 문 후보자는 언론인으로 활동하면서 현 야권 세력에 대해 비판적인 글들을 많이 썼다.

이 기사들은 다음 날부터 화제성이 강하고 파급력이 크고 뜨거운 속보 기사로 계속 이어졌다. 이런 현상으로 볼 때, 그 전날 '야권은 문 후보자가 보수 색채가 강하다는 점을 들어 반발했다'고 미리 취재하고 언급한 세 번째 기사의 종합적인 통찰력이 값져 보인다. 결국 문 후보자는 지명된 지 2주일 만에 자진 사퇴하고 말았다.

그러나 정치부의 속보 기사 역시 동일한 소재를 다룰 경우, 신문에 따라 큰 차이를 보이는 것은 아니다. 당시 보도된 진보지와 보수지 등의 기사 3건을 보기로 한다. 리드에 '파문'이나 '파장' 등의 어휘로 변화와 강조점을 둔 기사가 좀 더 눈길을 끌고, 전개방식도 약간씩 다르다. 하지만 전체적으로는 유사한 구조를 보인다.

문창극 망언 "일본 식민 지배는 하나님의 뜻" 과거 강연 영상 공개돼

문창극 망언 사실이 알려져 파문이 커질 조짐이다.

KBS는 11일 문창극 국무총리 후보자가 강연에서 "일본의 식민 지배는 하나님의 뜻"이라고 망언한 사실을 단독 보도했다.

KBS는 문창극 국무총리 후보의 과거 강연 영상을 입수해 보도했다. 문창극 국무총리 후보자는 영상에서 우리 민족을 노골적으로 비하하는 발언을 일삼은 것으로 전해졌다.

KBS 보도에 따르면 문창극 후보자는 지난 2011년 서울 용산구에 있는 한 교회에서 열린 특강에서 "일본의 식민 지배를 받게 된 것은 우리나라가 '이조 시대'부터 게을렀기 때문이다. 이를 고치기 위해 일본의 식민지 지배를 하나님이 받게 한 것"이라고 주장했다

문창극 후보자는 또 "우리 민족성을 보면 우리가 온전히 독립했으면 한반도 전체가 공산화됐을 것"이라며 남북 분단도 이를 막기 위한 하나님의 뜻이었다고 말했다.

문 지명자 "일본이 이웃인 건 축복, 식민 지배는 하나님 뜻"

문창극 총리후보 지명자는 2011~2012년 자신이 장로로 있는 교회 강연에서 "우리나라는 일본으로부터 기술을 받아와 경제개발을 했다"고 말했다. 제주 4·3항쟁은 폭동 사태로 규정했다. 8·15 광복은 하나님이 거저 해방을 갖다 준 것이라고도 했다.

새정치민주연합은 총리 지명 하루 만에 사퇴 카드를 꺼내 들었다. 극우 강경 보수칼럼이 불거질 때만 해도 '사퇴'라는 말은 나오지 않았다. 금태섭 대변인은 논평에서 "대한민국 총리로서 있을 수 없는 반민족적 망언"이라며 "발언 경위를 철저하게 추궁하겠다. 즉각 사퇴하고 사과해야 할 것"이라고 분노했다.

김진욱 부대변인은 "망발과 망언에도 수준이 있다"면서 "이 정도면 매국을 넘었다. 용납할 수 없다"고 말했다. 김광진 의원은 트위터에서 "조선총독부 총독을 하지 왜 대한민국 총리를 하겠다는 거냐"고 맹비난했다.

문창극 "日 식민 지배·남북 분단은 하나님의 뜻"

문창극 국무총리 후보자가 2011년 자신이 장로로 있는 교회 특강에서 일제의 식민 지배와 남북 분단이 '하나님의 뜻'이라는 취지의 발언을 한 것으로 알려져 파장이 일고 있다.

11일 온누리교회 홈페이지에 게시된 예배 동영상에 따르면 문 후보자는 2011년 6월 15일 '기회의 나라를 만들어주십시오'라는 제목의 특강에서 "조선이 일본의 식민지가 된 것은 하나님의 뜻"이라고 주장했다.

문 후보자는 "우리가 '하나님은 왜 이 나라를 일본의 식민지로 만들었습니까'라고 속으로 항의할 수 있겠지만 하나님의 뜻이 있는 것이다. '너희들은 이조 5백년 허송세월로 보낸 민족이다. 너희들은 시련이 필요하다'고 해서 우리에게 고난을 준 것이다"라고 말했다.

또 "조선 민족의 상징은 게으른 것이다. 게으르고 자립심이 부족하고 남한테 신세 지는 것 이게 우리 민족의 DNA로 남아 있었던 것이다"라고도 했다.

문 후보자는 남북 분단과 한국전쟁도 하나님의 뜻이라고 주장한 것으로 드러났다. 그는 "(하나님이) 남북 분단을 만들어주셨다. 그 당시 조선의 지식인은 거의 공산주의에 가깝게 있었다. 우리 체질로 봤을 때 한국에 온전한 독립을 주셨으면 우리는 공산화될 수밖에 없었다"고 주장했다.

또 "고난을 더 겪으라고 분단을 주셨고 6·25까지 주셨다. 미군이 없는 한국은 중국의 속국이 될 수밖에 없었다. 6·25

는 미국을 붙잡기 위해 하나님이 주신 것"이라고 덧붙였다.

　그러나 우리 언론의 경우 보수지와 진보지 등 각 사의 성격에 따라 정치부 기사가 전체적으로 커다란 편차와 간극을 보이고 있는 게 현실이다.

　사회면이나 문화면, 체육면 등과 달라서 학생들은 현실적으로 정치면 기사에 직접 다가서기가 좀처럼 쉽지 않다. 그래서 학생들에게 어느 언론사 기사든 본인이 한두 개를 선택해서 정치면 기사를 모니터한 후 독후감을 쓰게 했다. 정치 기사 쓰기를 간접적 방법으로 연습시킨 것이다.

　쓰기 전에 학생들에게 지나치게 진보나 보수에 대한 자신의 선입견이나 성향을 드러내기보다 객관적으로 기술하는 것이 필요하고, 비판을 하려면 냉정하고 합리적인 근거가 있어야 설득력이 있음을 주지시켰다. 물론 기계적인 중립적 태도도 바람직하지 않다는 점을 지적했다.

　한 기사를 분석하거나 두 기사를 비교하는 방식을 택하더라도, 매체비평을 쓰기는 쉽지 않다. 미묘한 문제가 많아 제목 달기도 어렵고, 쓰는 데도 신경이 많이 쓰인다. 그러나 학생들은 다양한 기사에서 예리한 감각으로 비평 대상을 찾아냈고 태도도 대부분 진지했다.

다음은 학생이 쓴 비평의 전문이기나 요약한 것이다. 글에 나온 언론사 이름은 이 책에서 익명으로 처리했다.

'괴담'에 대한 보수·진보 언론의 시각 차이

최근 한미 자유무역협정(FTA) 반대 측의 근거를 두고 이것은 괴담이다, 아니다로 보수신문과 진보신문의 견해가 엇갈리고 있다. A신문에는 '괴담의 나라'라는 제목으로 그들이 괴담이라 주장하는 것들을 대중이 얼마나 믿느냐를 조사한 기사가 올라왔다.

질문은 FTA 경제식민지론을 믿는가, 이명박 대통령과 관련된 BBK 음모론을 믿는가 등인데, 이에 응답한 단순 수치만 나와 있다. 그것들이 이미 괴담이란 전제를 깔아놓은 채 조사한 것이다. 기사에선 왜 그것들이 괴담인지를 알려주지 않았다.

반면 B신문에선 '모든 것을 괴담 탓으로 돌리는 정부'가 오히려 괴담의 발생지라는 기사를 냈다. G20 서울 개최, 4대강 사업 등 이명박 대통령의 선거공약들이 괴담 수준으로 허황됐으며, 이번 한미 FTA 체결 후 우리나라가 얻을 이득을 전문가들이 예측한 것보다 약 39배나 부풀려 발표했다고 한다. 이런 것이야말로 장밋빛 괴담이 아니냐며 현 정부를 비판했다.

두 기사를 읽어보면 타당하나 근거를 대지도 않고 수치만 늘어놓은 기사보단 전문가 인터뷰와 적절한 근거를 댄 기사가 역시 더 믿음이 간다고 느꼈다.

이 글에는 "왜 괴담인지를 알려주지 않았다는 말에 공감이 갑니다. 근거 있는 기사가 아주 중요한 것 같습니다"라는 급우의 평이 따랐다.

이런 요지의 독후감도 있었다.

나는 언젠가부터 이 통신사에서 보도하는 기사를 읽을 때 누구에 관한 기사인지만 보아도, 내용을 어느 정도 짐작할 수 있게 되었다. 이유는 이 통신사의 보도가 언제나 편파적이었기 때문이다. 나는 어떻게 A당에 관한 기사는 언제나 큰 문제도 문제가 아닌 듯이 바뀌어 보도될 수 있는지 의문이 끊이지 않는다.

각 언론사는 통신사로부터 제공 받은 정보를 이용하여 기사를 작성하거나 참고로 하기 때문에 통신사의 역할이 실로 중대하다고 할 수 있다. 그러나 이 통신사가 그 책임과 의무를 다하고 있는지에 대해 날이 갈수록 실망하게 된다.

이 글에 대해 급우는 '공감이 가고 좋은 내용'이라고 평을 남겼다. 강의실에서 공부하기 위해 오간 글이기는 하나, 이 같은 모니터 글과 다른 급우의 평은 예리하고도 진지하다. 이럴 때는 '하늘의 그물은 넓고 넓어서, 성기기는 하나 새지는 않는다 天網恢恢 疎而不漏(천망회회 소이불루)'는 노자의 말을 떠올리며 언론인의 역할을 생각하게 된다.

2. 경제부 기사

경제 기사의 경우 우리에게 경제 관련 용어는 친숙하기보다 생소한 것이 많기 때문에, 단순히 전문용어를 나열하기보다 쉽고 친절하게 쓰려는 노력을 게을리해서는 안 된다. 독자가 그 기사가 나오게 된 전후좌우 맥락을 쉽게 파악할 수 있게 해야 한다. 또한 성격상 자료인용과 통계수치에 많이 의존할 수밖에 없는 경제 기사에서는 수치를 정확하게 쓰는 일도 습관화해야 한다.

인터넷에 실려 있는 문답을 예로 들어본다.

"…… 수급 상으로는 역외 시장참가자들의 달러 매수와 국내 은행권의 추격 매수로 달러 수요가 우위를 보이고 있다. 환율이 장중 급등하자 고점 매도 성격의 수출업체 네고 물량(달러 매도)

이 유입되고 있지만 환율 상승세를 꺾기에는 역부족으로 보인다 ······ ”라는 어느 신문의 경제 기사를 읽었으나 이해가 잘 안되니 용어 설명을 해주십사 하는 글이다.

다음과 같은 친절한 답이 올라 있다.

원화는 일반적으로 우리나라 내에서 유통이 되는 통화입니다. 이때 우리나라를 구역 안쪽이라는 의미로, ‘역내’라고 합니다. 즉, ‘역외’라는 것은 우리나라를 제외한 다른 곳을 의미합니다. 우리나라 외의 지역, 중국이나 홍콩 등에서 원화를 사고파는 사람들을 ‘역외 시장참가자’라고 합니다.

추격 매수는 누군가의 대량 구입으로 인하여 사려는 물건의 가격이 오를 것을 예상하고, 가격이 오름에도 사려고 뛰어드는 행동입니다. 예를 들어 주식이 1만 원인데, 오늘 1만 1,000원이 되면, 비싸니까 사지 말아야 합니다. 그런데 더 오를 것 같아서 1만 1,000원이라도 사려는 것을 의미합니다.

네고(NEGO)는 ‘협상’이라고 생각할지 모르나, 신용장을 은행에 가져가서 돈으로 바꾸어오는 행위를 네고라고 합니다. (이 말을 모르는 것을 보니 학생이신 것 같습니다) 신용장이나 선하증권 등 증서 자체가 유가증권 대용품이 되는 서류들이 있습니다. 예를 들어, 복권에 당첨되면 당첨된 그 복권은 당첨금만큼의 가치를 지닌 종이입니다. 그렇다고 그 복권 자체로 무엇을 살 수는 없습니다. 돈으로 바꾸어야겠지요. 복권(서류)을 은행에서 돈으로 바꾸는 행위도 일종의 NEGO 입니다. 수출업체는 물건을 외국에 팔고, 대금을 신용장 등으로 받습니다. 그럼 그 신용장은 돈의 가치가 있는 서류이고, 이것을 은행 가서 돈으로 바꾸면 달러를 받습니다. 이것이 수출업체의 네고입니다.

질문자는 "진짜 감사합니다. 이제 이해가 됩니다"라고 고마워하고 있다. 마치 난해하고 생소한 문장 앞에서 쩔쩔 매는 학생과 자상하게 지도해주는 과외 교사가 연상된다. 많은 경제 기사가 대부분 어렵다. 쏟아져 나오는 경제 관련 도서들의 표지에서 자주 보게 되는 '경제 기사, 어렵지 않다!'라는 광고문은 역설적으로 경제 기사가 많은 이에게 난해하다는 사실을 보여주고 있다.

물론 경제 문제와 현상을 비교적 쉬운 문장과 적절한 해설을 곁들이면서 쓴 친절한 기사도 많다. 수용자인 독자에게 가까이 다가가려는 노력이 엿보이는 기사의 예를 들어본다.

우리은행 주인 누가 될까… 다음 주 매각 시동

민영화를 추진 중인 우리은행 매각이 다음 주 본격적으로 시작된다. 3조 원을 투자하면 우리은행 경영권을 차지할 수 있을 것이라는 전망이 나오고 있다.

20일 금융권에 따르면 금융위원회 공적자금관리위원회는 오는 23일 우리은행 매각 방안을 발표할 예정이다. 매각 방안이 나온 뒤 국내외 기업 설명회가 열린다. 매각 공고는 오는 9월, 입찰은 10월 이뤄진다. 우리은행 지분을 나눠 팔면서 지분을 미리 정해 놓은 가격에 살 수 있는 권리(콜옵션)를 부여하는 방식도 거론되고 있다.

금융위원회는 예금보험공사가 가진 우리은행 지분 56.97% 중 30% 이상을 경영권에 관심이 있는 그룹(A)에 '통 매각'하고 나머지 10% 이하 지분은 경영권에 관심 없는 재무적 투자자 그룹(B)에 '분할 매각'하기로 했다.

우리은행은 자기자본이 19조 원으로 정부 지분을 현재 시장에서 적용되고 있는 주가순자산비율(PBR) 0.5배를 적용하면 매각액이 5조 4,000억 원에 이른다. 지분 30%만 인수한다고 해도 경영권 프리미엄을 고려하면 3조 원가량 투입해야 우리은행의 새 주인이 된다. 그러나 A그룹은 단독 입찰하는 등 입찰 경쟁이 되지 않으면 입찰 자체가 무산될 수 있다. 현행법상 일반 경쟁 입찰에는 복수의 후보가 들어와야 유효 경쟁이 성립되기 때문이다.

현재 우리은행 경영권 인수에 관심을 보이는 곳은 교보생명이 유일하다. 교보생명은 우리은행 인수를 통해 은행과 보험의 시너지를 높이고 금융그룹으로 도약한다는 목표다. 신창재 회장의 강한 의지도 반영돼 있다.

KB금융, 외국계 사모펀드 등도 인수 후보로 거론되고 있다.

금융위원회는 존속법인의 고심을 하고 있다. 그동안 우리은행이 우리금융에 합병된 뒤 우리금융이 존속법인으로 남는 방안이 유력시됐으나 우리은행이 남는 방안이 막판 변수로 떠올랐다.

당초 금융위원회는 현재 상장돼 있는 우리금융과 달리 상장되지 않은 우리은행으로 합병하면 재상장까지 1년 가까이 걸릴 것으로 예상했다. 그러나 최근 마련된 거래소의 '상장 활성화 방안'에 따라 우리은행으로 합병해도 재상장에 2~3주밖에 걸리지 않게 됐다.

≪경향신문≫(2014.6.20) 비즈앤라이프 팀

기사 정리가 쉽지 않기 때문에, 경제부 기자는 관련 기관의 보도 자료에 많이 의존하기도 한다. 많은 기업과 경제 부처들이 자기의 입장을 적극적으로 알리고 또 기자들의 취재 편의를 위해 보도 자료를 준비하는 것이다. 예를 들면 중요한 경제 정책이 바뀔 경우, 관련 부처는 궁금한 사항에 대한 독자의 이해를 돕기 위해 자세한 '1문1답'까지 만들어 기자에게 제공하기도 한다.

기자의 입장에서 볼 때 보도 자료로부터 많은 도움을 받는 것은 사실이다. 그러나 단순히 자료를 옮겨 쓰기보다 사안을 충분히 이해하고 자기식의 개성 있는 문장으로 가다듬는 것이 특히 중요하다.

9

사설 쓰기와 연습

사설은 흔히 개인 칼럼, 외부 인사 글 등과 함께 오피니언 면에 실리고 있다. 오피니언 면에서도 사설은 언론사의 주장과 논조, 편집·제작 방향을 보여주기 때문에 주요하고 무게가 실린 글이다. 신문의 경우 사설은 1면과 함께 그 신문을 대표하는 또하나의 얼굴이라고 볼 수 있다. 직접적으로 사설이 의제 설정 기능과 게이트키핑 기능 등을 담당하기 때문이다. 사설은 대개 연조年條가 오래된 기자인 논설위원이 쓴다. 방송에서는 사설 대신 논평이라고 부르기도 한다.

사설은 논설위원실 회의를 통해 주제와 집필 방향이 정해지기 때문에 개인의 견해보다는 회사를 대표하는 주장이 반영된다. 회의에서는 다양한 주제가 거론되고 걸러지고 조율되며, 또한 선택된 주제를 어떻게 쓸 것인가를 두고 여러 견해가 제시된다. 민감한 사안일 경우 논설위원 간에 토론이 격렬해지기도 한다.

사설의 종류에는 일상적 절차에 따라 정해지는 일반 사설, 창간 기념일이나 새해 등 특정한 날에 맞추거나 특별한 사건에 의미를 두기 위한 긴 분량의 특별 사설, 수필식의 비교적 가벼운 소재를 다룬 글이지만 글맛이 중요한 변형 사설 등이 있다.

1. 사설 쓰기

사설에는 냉철한 분석과 균형 감각, 명징한 주장이 담겨야 한다. 신랄하고 예리한 비판이 있어야 하지만, 문장은 기본적 품위와 예의를 잃지 말아야 한다. 사설에서 역시 상투적이고 진부한 표현은 피해야 한다. 주장을 강하게 내세우기 위해 고답적이고 권위주의적인 문체가 쓰이기도 한다. 그러나 이런 쓰기보다는 이해하기 쉽도록 문장이 간결하고 주장이 분명해야 한다. 언론인 장기영은 "사설은 쉽게 써야 한다. 사설 제목은 시와 같아야 한다"고 강조하기도 했다.

사설에서는 또한 필자가 드러나지 않기 때문에 감정 과잉이나 아비한 어법으로 흐르게 되는 충동을 자제해야 한다. 명쾌한 분석과 주장, 미학을 갖춘 문장이 더 설득력을 지니며 독자를 끌어들인다. 유서 깊고 권위 있는 언론사일수록 사설에서도 철학과 주장의 일관성을 유지하고 있다.

가. 가장 많이 사용되는 사설 쓰기 형식: 문제제기(서론) — 사안 분석, 증명, 단정(본론) — 주장과 대안제시(결론)

나. 사안에 대한 긍정적 내용이 앞에 오면 뒤에는 부정적 비판이, 이와 반대로 앞에 부정적 내용이 제시되면 뒤에는 긍정하는 방식이 집필하기에 편리해서 널리 쓰임

다. 서두에 '결론부터 말하면' 하는 단정적 방식이나, 또는 '첫째' '둘째' '셋째' 등 논리 위주의 전개방식도 있으나 독자가 부드러운 글맛을 느끼기는 어려운 단점이 큼

라. 자사 주장이나 논조에 반대하는 주장을 다시 반박할 경우: 상대의 반대론 소개 — 이에 대한 반박 — 자기주장에 대한 재강조

마. 실제 집필할 때는 사실fact 열거와 논증, 자기주장을 각각 어느 분량만큼 배분할 것인지 많이 고려하게 됨

바. 변형 사설이 아니더라도 수필식 사설을 많이 시도하는 것이 바람직함

문장가로 이름이 높았던 상허 이태준은 『문장강화』의 논설문(사설) 쓰기에서 "논설문은 혼자 즐기려 쓰는 글이 아니다. 언제든지 민중을 독자로 한다. 대세를 자극해 여론의 선봉이 될 것을 이상으로 한다"고 말한다. 그는 사설 쓰기의 다섯 가지 기준을 제시하고 있다.

1. 공명정대할 것
2. 열의가 있어, 먼저 감정적으로 움직여 놓을 것
3. 확실한 실례를 들어 의심을 살 여지가 없이 신뢰를 받을 것
4. 논리정연하여 공리공론이 없고 중언부언이 없을 것
5. 엄연미嚴然美가 있을 것

언론학도가 아니라도 사설이나 칼럼 쓰기를 연습하는 것은 실용적인 의미도 크다. 연습을 통해 자기주장을 효과적으로 전개함으로써 남을 설득하는 데 유용한 수단을 얻게 되기 때문이다. 사설이나 칼럼 쓰기에서는 특히 문학적 글쓰기와 분석적 글쓰기가 조화롭게 결합되고 균형감 있게 배분되는 것이 더 많은 공감과 설득력을 얻는다.

한국 신문의 사설 제목은 직설적이고 성급하게 설명하려는 경향을 보인다. 제목에서부터 주장을 강하게 드러냄으로써 독

지에게 치분히 시유할 공간을 마련해주지 않는 편이다. 이에 비해 일본과 미국의 신문들은 제목에서 가치판단을 배제하거나 중립적인 특성을 보인다.

2006. 6. 26 ≪중앙일보≫
한미 FTA를 하지 않겠다는 것인가
태극전사들에게 격려의 박수를 보낸다
'장군님의 전사'가 활개 친 6.15 축전

2006. 6. 26 ≪한겨레≫
대법관 청문회, 내실과 수준 갖춰야
월드컵 열정을 일상 속으로
예사롭지 않은 경제주체들의 체감경기 위축

2006. 6. 24 ≪아사히신문≫
고1 방화 살인 ─ 피할 곳은 없었는가
월드컵 패배 ─ 실력 차가 컸다

2006. 6. 17 ≪뉴욕타임스≫
무시될 수 없는 문제

좋은 투자는 어디 갔나

군대와 신념 지키기

거래의 기술

2. 학생 사설 연습

조별 발표를 하는 팀에게 사설 소재를 정하고 찬반 입장과 논리, 사례 등을 조사한 후 교실에서 발표하게 했다. 한 팀은 '여성 지원병제 도입의 타당성 여부'를, 그다음 주에 다른 팀은 '지하철 에스컬레이터 두 줄 서기 캠페인'에 관한 장단점을 발표했다.

먼저 국방부가 여성의 (의무복무제가 아니라) 지원병제 도입을 추진하는 사안의 타당성 여부에 관해 제시된 자료를 소개한다. 자료가 매우 충실한 편이었으나 여기서는 내용을 축약했다.

1. 도입추진 배경(국방부 발표)

병역자원 부족: 20세가 되는 남성 수가 2014년을 정점으로 급속하게 감소. 2023년 이후에는 25만 명 이하로 떨어질 것으로 추정.

복무 기간 단축: 육군·해병대 - 2014년 7월 입대자부터 18개월, 해군 - 2014년 6월 입대자부터 20개월, 공군 - 2014년 5월 입대자부

더 21개월

2. 여성지원병제 도입에 따라 보완해야 할 점

여군을 위한 시설 확충: 여성만을 위한 별도의 시설 필요. 화장실과

샤워장, 세면장, 건조장은 물론 체력 단련장, 휴게실, 미용실 등이

필요할 것으로 예상됨. 예산이 많이 들 것으로 전망됨.

남성 위주의 병역제도와 병영문화 변화

3. 각계 반응

〈여성계〉

한국여성단체연합 남윤인순 대표: 일단 긍정적. 군대 내 남성 중심

문화를 개선하고, 여성의 직무적합성을 검토해야 할 것임.

서울대 법대 양현아 교수: 긍정적. 그러나 남성은 의무군인, 여성은

지원군. 여성은 전투병보다 기술직으로 활용될 가능성이 크므로

양성평등과 형평성 문제가 완벽히 해결된 것은 아님. 여전히 여성

은 군대 내에서 보조적 역할일 것

〈시민단체〉

인권연대 오창익 사무국장: 국방력은 인원수만으로 측정되는 것이

아님. 군가산점제도와 관련해 여론을 떠보겠다는 식에 불과함.

한국진보연대 장대현 대변인: 현재 국군 사병들은 인권 제약 등 많

은 문제를 안고 있음. 고통이 여성에게 전가될 수 있음.

〈일반 시민〉

여론조사(조사기관 - 리얼미터, 조사대상 - 성인 남녀 700명 전화 설문조사): 찬성 63.2%, 반대 24.4%

여성 53.8%, 남성 73%가 찬성

〈인터뷰〉

찬성(강승리·남·23세·대학생): 구타와 같은 악습도 근절됐고, 병사들의 인권도 좋아짐. 여성도 충분히 할 수 있다고 생각함.

반대(최지연·여·22세·대학생): 군대는 오랜 기간 남성 중심적인 문화가 지배해왔음. 거수경례 자세, 행진 자세 등은 남성의 신체에 적합한 것임.

학생들은 이 조별 발표에서 제시된 자료를 중심으로 자신의 견해를 사설 형식으로 기술했다. 그들은 대부분 가장 많이 사용되는 형식, 즉 '문제제기(서론) ― 사안 분석, 증명, 단정(본론) ― 주장과 대안제시(결론)'의 틀을 따랐다. 찬반이 엇갈리는 두 개의 글을 본다.

여성지원병제, 거꾸로 생각해보자

우리나라 여성도 군인이 될 수 있는 시대가 열릴지도 모르겠다. 국방부가 여성지원병제 두입을 제안했기 때문이다. 병역 대상 인구인 22~24세 청년층 인구가 지속적으로 감소하고 있고, 2014년부터 복무 기간이 단축되어 인원이 부족하다는 것이 그들의 주장이다.

성인 남녀 700명을 대상으로 한 리얼미터의 전화 설문 조사에 따르면, 찬성이 63.2%로 반대(24.4%)보다 2.5배가량 높게 나타났다. 성별로는 남성이 73%, 여성이 53.8%로 여성 또한 긍정적인 반응을 보였다.

비행조종사, 경찰, 간호사 등 특정 성별을 떠올리게 하는 몇 가지 직업이 있다. 옛날에는 강인한 체력을 요구하는 진취적인 직업은 남성의 것, 정교함을 필요로 하는 소극적인 직업은 여성의 것이라고 생각했기 때문이다.

그러나 요즘은 어떤 분야든지 성별을 불문하고 누구나 도전하는 추세이다. 남성 고유의 영역에서도 여성이 특출나게 발휘할 수 있는 능력이 있다. 남성의 경우도 마찬가지다.

장대현 한국진보연대 대변인은 "현재 국군 사병들은 인권 제약 등 많은 문제를 안고 있다. 그 고통이 여성에게 전가될 수 있다"고 우려했다. 그러나 거꾸로 생각해볼 수도 있다. 여성이 '군대'라는 엄격하고 남성 중심적인 문화에 들어가면 군대 내의 구타나 인권문제 같은 악습이 근절될 수 있을 것이다.

여성지원제 도입은 여성에게도, 군대에게도 기회가 될 수 있다.

나는 이 사설에 '논리가 명석함. 설득력 있음'이라는 평을 붙였다. 흔히 여론조사 결과 중 수치를 인용하면 글이 정확해 보여도 깔끔해 보이지는 않는 단점이 있다. 이 글은 여론조사 인용의 그런 난점도 세련되게 처리했다. 이 글이 논리적으로 접근하여 신중하게 찬성하는 사설인 데 비해, 다음 글은 반대의 입장을 드러내고 있다.

여성지원병제 도입은 시기상조다

휴전국이자 분단국가인 우리나라는 성인 남성을 대상으로 병역의무제를 실시하고 있다. 여성은 다르다. 여성에게는 병역의 의무가 주어지지도 않았고, 일반 사병으로는 지원병을 받지도 않는다. 그러나 병역의무 대상 인구가 점차 감소하고 군복무 기간 또한 단축되고 있어, 다시 한 번 여성지원병제 도입을 추진하는 목소리에 힘이 실리고 있다.

여성지원병제 도입에 대해서는 대체로 찬성하는 분위기다. 여성계에서는 "양성 평등의 문에 한 발짝 더 다가섰다"며 긍정적으로 바라보았고, 일반시민의 약 63%가 여성지원병제 도입에 찬성의 **손**을 들었다.

   。 그러나 여성지원병제 도입이 우리 사회에 전체적으로 긍정적인 영향을 미칠지에 대해서 의문이 든다. 현재 병사들의 인권이 많이 좋아졌다고는 하나, 군대 내에서 인권이 유린된 병사들의 이야기가 곳곳에서 들려오고 있다. 게다가 병영문화는 오래전부터 남성 중심이었다. 이러한 군대 내에서 양성평등이 제대로 이뤄지기는 어려워 보인다.

   또한 군대 내에는 아직 여성이 사용할 수 있는 시설이 턱없이 부족하다. 성급하게 여성지원병제를 도입하게 된다면, 여성은 군대 내에서 많은 어려움을 겪게 될 것이다.

   근본적인 군대 내 문제들의 해결방안이 제시되기 전까지 여성지원병제 도입은 시기상조로 보인다. 여성지원병제가 여성에게 공평한 기회를 주기 위해서라면 응당 그만큼의 보완이 있어야 할 것이다.

이 글에는 '제목과 전개방식, 논리, 표현 등이 모두 훌륭함'이라고 평했다. 기성 언론사 사설 못지않게 흠잡을 곳이 별로 없다. 또한 '목소리에 힘이 실리고 있다', '도입에 찬성의 손을 들었다', '응당 그만큼의 보완이 있어야 할 것이다' 등의 표현에서도 문장력이 느껴진다.

도입에 대한 찬반 여부와 상관없이, 두 학생이 쓴 사설은 각각 일정한 논리를 따라 자기 생각을 곡진하게 펼치고 있다. 다만 좀 더 욕심을 내서 기대를 한다면, 여성지원병제 도입 여부를 궁극적으로 통일 문제와 관련해서 군을 축소할 것인가 확대할 것인가 하는 점과도 연결해서 언급했으면 좋았을 것이다.

또한 군복무와 여성의 자녀 출산·양육 문제 등 좀 더 큰 차원에서 짚어보는 것도 필요하지 않았을까 생각한다. 하지만 이 쓰기가 30분 정도의 짧은 시간 안에 이뤄진 결과임을 감안한다면 지나친 기대였을 것이다.

다음은 에스컬레이터 두 줄 서기에 대해 쓴 사설이다. 생활과 가까우면서도 오랫동안 혼란을 겪고 있는 소재를 들여다보고자 한 사설이다. 단순한 것 같으나 오랜 관습과 편리성, 계몽의 타당성 여부, 고장 방지를 위한 기계적 문제 등이 얽혀 있어 쉽게 결론을 내리기 어려운 소재이기도 하다.

에스컬레이터 두 줄 서기, 좋은 방법일까?

한 줄은 서 있는 줄, 한 줄은 오르내리는 줄. 지하철 에스컬레이터를 일상적으로 이용하던 모습이다. 늘 그렇게 이용해오던 에스컬레이터는 2007년 서울도시철도에서 두 줄 서기 캠페인을 시작하며 두 줄로 이용하는 방식으로 바뀌었다.

한 줄 서기를 두 줄 서기로 바꾼 데는 여러 가지 이유가 있다. 첫 번째로는 한쪽으로 무게중심이 쏠려서 기계적인 결함이 발생할 수 있다는 것이다. 두 번째로는 오르내리면서 발생하는 사고를 사전에 방지하자는 차원이다.

이런 이유들로 도시철도는 두 줄 이용을 권고하기 시작했다. 그러나 두 줄 이용을 시작한 후 이용 모습을 보았을 때 더 좋아진 점을 발견하기 힘들다. 이미 한 줄 서기에 습관이 된 사람들은 대부분 한 줄을 이용하고 있다. 바쁜 시간이나 사람이 밀집한 데서도 두 줄 서기는 지켜지지 않고 있다. 오히려 두 줄을 이용하는 사람들이 뒷사람의 눈치를 보며 한쪽으로 자리를 옮기는 모습을 보인다.

지켜지지 않고, 오히려 지키는 사람들이 뒷사람의 눈치를 보는 상황이라면 두 줄 서기 캠페인은 시행하지 않는 편이 더 낫지 않을까? 기계적인 결함이 여태껏 별로 일어나지 않은 점을 봤을 때, 정기적인 정비를 잘하면 사고를 막을 수 있을 것이다. 또 발생할 수도 있는 여러 가지 사고를 미연에 방지하기 위해서는, 두 줄 서기라는 빈틈 많은 정책보다는 정확한 주의를 주거나 이용 방안을 숙지하게 하는 것이 더 효율적일 것이다. 시민의 이용 편의를 위해 한 줄 서기를 하는 것이 더 낫다.

이 사설은 지하철 에스컬레이터 두 줄 서기에 대해 다각도로 접근하고 있고 문장도 깔끔하다. 많은 사람들이 이 같은 입장에 공감하고 있기 때문에 새로운 두 줄 서기 캠페인이 큰 호응을 받지 못하고 있는 것으로 보인다. 그만큼 설득력이 있는 셈이다.

그러나 두 줄 서기에 대한 찬반은 논외로 치고, 이번 경우는 조사하고 발표하는 팀이 두 줄 서기에 대한 부정적인 내용을 더 적극적으로 소개함으로써 대부분의 학생이 그런 입장으로 기울었다. 결국 소재를 잘 선택했으나, 과도하게 선입견 쪽에 섰기 때문에 다른 학생들도 거의 다 한 줄 서기를 지지하는 글을 쓴 셈이다. 그러나 실제로는 이제 두 줄 서기를 하는 지하철 이용자가 처음보다는 많이 늘었다.

수필식 사설도 있다. 엄숙한 어법의 보편적 틀에서 벗어나 감성적으로 접근하려는 시도다. 에세이식 사설에서는 글맛이 느껴져야 한다. 이런 사설이 많이 쓰이지는 않지만, 독자에 대한 서비스 차원에서라도 더 자주 시도할 만하다. 예를 들어본다.

한글날 세종대왕을 생각한다

우리나라 말이 중국과 다른 것이 오히려 다행이었다. 말이 한자와 통하지 않아 불편한 백성의 고충을 헤아린 세종대왕은 얼마나 자상한 성군이었던가. 세종은 즉위 4년부터 활자체 개량을 지휘하여 25년에 집현전 학자들과 함께 훈민정음을 반포했다. 세계사에 어느 제왕도 비판을 무릅쓰고 왕자까지 참여시켜가며, 또 본인은 눈병으로 고통받으며 글을 창제한 이는 없다.

우리 후손은 훈민정음의 향기롭고 풍부한 자양을 마음껏 누리고 있다. 한글은 겨레의 마음에서 단연 국보 1호다. 한글의 우수성과 편리성은 민주주의와 함께 입증되었고, 미래지향성은 점점 더 찬란한 빛을 뽐고 있다. 한글문화의 위력으로 우리는 일제 강점기를 이겨냈고, 컴퓨터 시대에는 세계적 정보통신 강국이 되어 있다. 복잡하고 까다로운 문자를 지닌 중국과 일본은 컴퓨터 이용에서 우리와 경쟁이 안 된다.

그러나 558돌 한글날을 맞아 한글 유공자가 표창되는 반면, 시내버스에 영문자를 남발하고 'Hi Seoul! 시민 good 아이디어 공모' 광고를 낸 서울시가 지난해에 이어 '으뜸 훼방꾼'으로 꼽히기도 한다. (후략)

《한국일보》(2004.10.9)

또 한 편의 수필식 사설이자 변형 사설의 예를 들어본다. 2006년 여름 서울시 중구는 이미 훌륭히 자라고 있는 은행나무와 버즘나무(플라타너스, 방울나무로도 불림) 등의 가로수를 소나무로 바꿀 계획을 세웠다. 상대적으로 '작은 감자'라고 말할 수 있는 소재와 주제이긴 하나, 우리의 문화적 환경과 감수성, 합리적인 예산집행 등을 고려할 때 사설로 다룰 만하다고 생각했다. 여러 나라의 예를 들어 이 계획의 타당성 여부를 살펴보고 당국을 비판한 수필식 변형 사설이다.

로마의 소나무

「로마의 소나무」라는 교향시가 있다. 20세기 전반에 활동했던 이탈리아 작곡가 레스피기Ottorino Respighi의 3부작 중 하나다. 교향시라는 장르는 쇠퇴했으나 '로마의 소나무'는 여전히 아름답다. 레스피기를 모르는 한국 사람도 로마에 가면 소나무에 관심이 많아진다. 소나무들이 예쁘고 특이한 형태로 눈길을 끌기 때문이다. 그 나무들은 우산 형태, 혹은 고대 로마 병사의 투구 모양으로 잘 다듬어져 있다. 자세히 보면 원래 한국 소나무와 형태가 약간 다르다. 가지가 촘촘하고 가지런히 뻗어 있어, 밑동만 다듬으면 위는 자연히 둥그런 모양이 된다.

소나무는 우리에게도 친근감을 준다. 낙락장송도 운치가 있지만, 소나무는 작거나 어려도 의젓한 거목의 풍모를 보인다. 서울 중구가 가로수를 지금의 은행나무, 버즘나무(플라타너스)에서 소나무로 바꿀 계획이다. 중구가 서울의 중심부인 데다 남산이 있고 문화재가 많기 때문에 이와 어울리는 소나무로 교체할 예정이라고 한다. 그러나 소나무와 조화를 이루는 전통 한옥은 거의 사라졌고, 거리가 대부분 서구화한 중구에 합당한 일인지 의문스럽다. 많은 조경 전문가들도 이 계획을 회의적으로 보고 있다.

가로수에는 몇 가지 조건이 따른다. 자동차가 만드는 대기오염과 병충해에 강해야 하고, 하절기에는 잎이 무성해 그늘을 만들되 동절기에는 잎이 져서 길이 햇볕을 충분히 쪼여야 하며, 잎이 질 때도 한꺼번에 져서 청소하기 쉬워야 하는 조건 등이다. 은행나무와 버즘나무는 이런 조건들에 맞는 듯하나, 소나무는 그렇지 않다. 부차적 문제일지 모르나, 나무 심고 가꾸는 비용도 소나무가 은행나무 버즘나무에 비해 2~3배나 많이 든다고 한다.

유럽 얘기를 다시 꺼내 미안하지만, 현대와 전통이 공존하는 대도시 런던과 파리에는 버즘나무가 가로수의 주종을 이루고 있다. 다만 그곳 버즘나무 종 역시 우리 것과는 약간의 차이를 보인다. 잎의 크기가 우리 버즘나무처럼 크지 않고, 절반만 한 것이다. 그럼 로마의 소나무는 무엇인가? 특이한 소나무가 모양을 뽐내고 있는 곳은 주택가 정원이나 외곽의 옛 도로뿐, 찬란한 시가지 도로에는 역시 버즘나무 가로수들이 서 있다. 중구가 공연히 훌륭한 은행나무, 플라타너스 가로수를 뽑아내는 데 예산을 허비하지 않을까 걱정된다.

≪한국일보≫(2006.8.13) 박래부 수석논설위원

10
칼럼 쓰기

1. 문학적 칼럼 쓰기와 분석적 칼럼 쓰기

칼럼^{column}은 신문, 잡지 등에서 정기적이고 다양한 방식으로 시사 문제에 대해 논평하는 글이다. 칼럼은 기둥을 의미하는 라틴어 칼룸나^{columna}에서 비롯됐다고 하며, 이 난의 기고가를 칼럼니스트라고 한다.

언론인은 칼럼을 쓰기 위해 많은 자료를 모으고 집필에도 큰 정성을 기울이게 된다. 또 언론인으로서 개인 칼럼을 갖는다는 것은 명예로운 일이다. 한국 언론의 특징은 외부 칼럼니스트들의 활약이 두드러지고 있다는 점이다. 여러 부문의 평론가와 활동가, 변호사, 대학 교수 등 전문가들이 고정 집필하면서 여론 형성에 많은 영향을 미치고 있다.

따라서 누군가가 언론에서 자기 목소리를 내고자 하는 희망을 지녔을 경우, 저널리스트가 되는 길과 어느 영역에서 전문가가 되는 길이 있다고 말할 수 있다. 물론 두 가지 경우 모두 남이 인정할 만한 필력과 전문적 지식, 시사 문제에 대한 예리한 관심 등이 갖춰져야 할 것이다. 사설이 언론사나 논설위원실의 입장을 반영하는 데 비해, 칼럼은 필자 개인의 자기 책임 아래 사설 집필 때보다는 더 많은 자유와 신념 등을 펼칠 수 있다는 점이 다르다.

따라서 칼럼을 사설과 같은 구조로 쓰는 것은 바람직하지 않다. 칼럼에서는 쓰는 이의 주관이나 주장, 독특한 전개구조, 개성적 표현, 깊이가 느껴지는 결론 등을 사설보다 더 자유롭고 분명하게 드러낼 필요가 있기 때문이다. 칼럼을 사설과 같은 구조로 쓰면서 분량만 늘려놓을 때, 독자는 흥미의 끈을 놓아버리기 쉽다.

칼럼 쓰기 또한 문학적 글쓰기와 분석적(논리적) 글쓰기로 구분할 수 있다. 문학적 글쓰기를 택한다면, 특히 도입 부분을 참신하게 하는 것이 글을 계속 읽고 싶게 만든다. 도입 부분에 흔히 명언이나 경구 등 아포리즘을 이용하기도 한다. 그러나 글에서 이를 너무 남발하거나 인용이 진부하게 되면, 상투적이라는 인상과 함께 설득력을 떨어뜨리게 된다.

분석적 칼럼 쓰기는 자기의 주장이나 견해를 정당화하는 데 효과적이다. 그러나 글에 대한 흡인력이나 매력을 끝까지 계속 유지하는 데는 어려움이 있다. 따라서 문학적 글쓰기와 분석적 글쓰기를 적절히 배분하고 융합함으로써, 매력과 설득력이 서로 조화를 이루고 논리가 길항도 하는 글을 썼으면 한다.

좋은 칼럼을 쓰고자 하는 모든 저널리스트는 마감시간에 쫓긴다. 마감시간과 경쟁을 하며 명예를 걸고 제 칼럼을 쓰고자 할 때, 이는 '피를 말리는 작업'이라고도 표현된다.

칼럼 쓰기는 풍부한 사례나 자료를 제시하면서도 기승전결이 분명해야 글의 흐름이 유연해진다. 먼저 칼럼의 방향을 정하고 지식과 정보를 최대한 끌어모은다. 칼럼을 쓸 때도 앞서 소개한 브레인스토밍을 적극 활용한다.

■ 칼럼을 비롯한 저널리즘 글쓰기의 유의점

비교적 자유로운 형식인 칼럼을 효과적으로 쓰기 위해, 유의점들을 다시 한 번 짚어본다. 이는 또한 저널리즘 글쓰기 전반에서 적용되고 강조될 실용적 요령이자 종합적 준칙이라고 말할 수 있다.

가. 도입 부분(리드)을 참신하고 인상 깊게 한다. 이 부분에서 일차적으로 독자나 시청자의 마음을 붙들어놓아야 한다.

나. 수사나 비유 등 문학적 글쓰기를 중요시한다. 글의 구성도 짜임새 있게 하고, 이야기 구조(스토리텔링 식)를 고려한다.

다. 개성 있는 표현을 구사하되, 가능하면 격조와 품위가 있고 또 진부하거나 상투적이지 않은 말을 사용한다.

라. 필요하면 적절한 아포리즘(속담이나 격언, 잠언 등)이나 성현이 남긴 말, 고사故事 등을 인용한다. 그러나 지나친 남발은 역효과를 불러올 수도 있다.

마. 사실fact 전달을 명확하지만 간결하게 하고, 분명한 대안을 제시함으로써 메시지를 분명히 드러낸다.

바. 끝부분(결론)이 독자의 인상에 남고 여운이 느껴지도록 마무리를 산뜻하고 호소력 있게 한다.

사. 제목(가제)도 가능한 한 참신하고 세련되게 붙인다.

사설이나 칼럼을 쓰기 위해 논설위원은 평소에 타인의 글을 많이 읽고 자료를 스크랩해 놓는다. 학생에게는, 매일은 아니더라도, 평소에 꾸준히 일기를 쓰면 모든 글쓰기에 커다란 도움이 된다고 재차 권하고 싶다.

2. 칼럼 연습

자유로운 소재로 자료를 준비해 와 칼럼을 쓰게 한 결과, 여러 학생이 '루저 발언'을 다루었다. '루저 발언'은 2009년 11월 젊은 층 사이에 인터넷을 달구며 꽤 화제가 되었던 '사건'이다. 그중 여학생 한 명과 남학생 한 명이 쓴 글을 소개한다. 불꽃이 튀듯이 서로 날카롭게 부딪치는 두 학생의 주장에서 칼럼의 묘미가 읽힌다. 원래의 발언자 이름은 익명으로 처리했다.

'루저' 발언, 남성 당신들부터 곰곰이 생각해봐야

지난 9일 KBS 〈미녀들의 수다〉 프로에서 대학생 모 씨가 친구들끼리 수다 떨듯이 떠들다가 사회적으로 큰 논란을 일으켰다. 아침시간에 방송이 되었다면 묻히기라도 했을 텐데 안타깝기 짝이 없다.

최근 싱글 커뮤니티 사이트에서 20~30대 미혼 남녀 1,362명을 대상으로 한 설문조사에 따르면 '자신보다 키 작은 남자와 사귀겠느냐'는 질문에 '네'라고 답한 사람은 4.4%에 불과했다. 따라서 국내 대부분의 여성은 모 씨처럼 키 작은 남자를 '루저'라고 생각하는 것을 당연하게 여길 것이다.

남자는 여자의 얼굴을 따지지 않는가? 케이블TV 〈롤러코

스터)에서 실시한 연령별 남녀 이상형 조사에서 여성은 연령마다 이상형이 달랐지만, 남성은 하나같이 '예쁜 여자'를 선호했다. 이 말은 여성이 남성을 평가하는 말보다 더 빈번하게 나오고 있다.

여성이 남성의 키를 따지고 남성이 여성의 외모를 따지는 것이 어느 팬가부터 암묵적으로 당연한 것처럼 되었는데, 모 씨가 모든 남성의 비난의 표적처럼 된 사실에 화가 난다. 모든 남성에게 "당신들부터 반성하라"고 말하고 싶다. 성형 열풍을 불러온 것도 남성이 '예쁜 여자'만을 선호하기 때문에 조장됐다고 볼 수 있다.

모 씨가 키 180cm 이하의 남성을 인생의 패배자로 구분하는 논리에 초점을 맞춘다면, 그것은 분명 그녀가 비난받아야 마땅할 것이다. 하지만 여성이 남성의 키를 보는 것이 남성도 잘 아는 사실이며, 프로그램에서는 지극히 '개인의 이상형'을 말하는 시간에 "키 180cm 이하는 내 스타일이 아니다"라는 말을 한 점도 이해돼야 할 것이다.

방송에서 슈퍼주니어 이특이 수없이 "뚱뚱한 여자는 여자가 아니다"라고 파격적 발언을 했던 것으로 기억한다. 이 말은 여성이 뚱뚱하든 뚱뚱하지 않든 여성의 분노를 일으킬 만한 발언인데, 사회적인 흐름에 어쩔 수 없이 타협해가고 있는 것 같다.

'루저' 발언이 충격적이긴 하지만 한 여성의 인생을 짓밟을 만한 것인지, 남성에게 이기적이고 편협한 태도를 벗어나라고 충고해주고 싶다.

이 칼럼은 제목부터 논리까지 당차고 거침없다. 속도감 있는 전개 속에 필요한 자료나 적절한 사례를 제시해서 설득력을 높였다. 그 가운데 팽팽한 긴장감과 균형 감각을 유지하고 있다. 남성 중심의 여론 구조를 날카롭게 파고들어, 남성이 지닌 사회적 허위의식을 드러낸 점도 높이 평가할 만하다.

'루저'가 되지 않으려면

아직 우리 사회에서는 한 여성의 인생 성패가 남편의 능력으로 결판난다는 사실을 인정한다. 여성 본인이 노력해 무엇을 성취했는가보다는 어떤 조건의 남자한테 시집을 갔느냐가 더 중요해 보이는 게 우리의 현실이다.

공감한다. "캠퍼스 커플로 시작한 우리 부부는 사랑으로 결혼했고, 내 친구는 조건을 보고 결혼했다. 처음에는 당연히 우리가 행복한 줄 알았지만, 정작 좋은 유치원에 아이를 보내는 친구의 얼굴에서 어쩌면 나보다 더 나을 수 있는 행복을 발견했다." 라디오 프로그램에 소개된 한 주부의 쓸쓸함에 공감한다. 그래서 결혼은 조건이고, 김중배의 다이아몬드도 사랑이다.

그래서일까? 〈미수다〉에 나온 미녀 여대생은 당당하게 자신은 꼭 조건 좋은 남자와만 결혼할 것이라고 말했다. 또 한 늘씬한 모델은 "예쁘게 꾸미고 나갔는데 남자가 데이트 비용 내는 데 인색하면 안 된다"고 했다. 현실을 잘 파악한 영리함이 기특하지만, 그 영특함을 칭찬할 수만은 없다. 사실 그녀들은 한 번쯤 혼이 나봐야 한다. 현실을 무비판적으로 받아들이기만 했기 때문이다. 사랑보다 조건이 더 중요하다면 이는 분명 잘못된 생각이다.

사실 이번 일에 '열폭'해야 할 사람은 남자가 아니라 여자다. 친구들이 돈 많은 남편감을 고를 때, 자기 능력을 더 키우던 여성이 화를 내야 한다. 여대생의 조건 타령에 '그렇게도 자신이 없나? 당신이 더 벌면 되지 않느냐?'고 따져야 한다. 덧붙여, 선정적으로 프로그램을 만든 제작진 역시 나무라야 한다. 당신이 왜 여자를 루저로 만드느냐고, 무책임한 방송이었다고.

남학생으로서 흥분하기 쉬운 소재인데도 비교적 여유를 갖고 접근하고 있다. 제목도 그러해서 편하고 신중해 보인다. '김중배의 다이아몬드' 부분에서는 상당한 문학적 감각도 느껴진다. 번안극 〈장한몽 長恨夢〉에서 이수일과 심순애는 백년해로를 맹세했으나, 순애는 가난한 수일을 배신하고 돈 많은 김중배의 품에 안긴다는 전반부를 단도직입적으로 인용한 것이다.

도입부부터 결론 부분까지 웃으면서 공감할 만한 칼럼이다. 다만 '공감한다', '그래서일까' 등으로 과감하게 도치법을 사용한 것은 일견 문장을 참신하게 하지만, 어느 기존 칼럼니스트의 어법을 연상시키기 때문에 결국은 진부해 보이는 한계가 있었다.

2002년 한일 월드컵 대회는 우리에게 굉장한 스포츠 축제였다. 한국 축구 팀의 활약이 눈부셨고, 우리 팀을 4강까지 끌어올린 거스 히딩크 Guus Hiddink 감독은 한국인의 뜨거운 사랑을 받았다. 응원단 '붉은 악마'가 유명해진 것도 그 대회에서였다. 열정이 들끓고 넘치는 분위기 속에서 쓴 칼럼을 다시 읽어본다.

카뮈를 작가로 만든 축구

『이방인』의 작가 알베르 카뮈 Albert Camus는 대학 시절까지 축구선수였다. 그는 어려서부터 주로 골키퍼를 했다. 골키퍼를 해야 신발이 가장 덜 닳았기 때문이다. 집이 가난했던 그는 운동장을 마음껏 뛰어다니는 사치를 감히 꿈꾸지 못했다. 매일 저녁 그의 할머니는 신발창 검사를 했고, 신발이 많이 닳았을 때는 회초리를 들었다. 내성적 성격의 그는 골키퍼를 하면서 인생에 대해 많은 것을 생각했다. 축구는 그를 실존주의 작가로 만들었다.

〈공은 누군가가 오기를 바라는 방향으로는 절대 오지 않는다는 것을 나는 축구를 통해 배웠다. 그것은 나의 인생에 많은 도움을 주었다. 사람은 때때로, 특히 대도시에서, 소위 올바르다는 말을 듣는 존재로 되지 않을 수도 있다는 사실을 깨달았다.〉

축구는 가난한 소년들의 변함없는 벗이다. 내 초등학교 시절, 일요일이나 방학 중에 이웃동네 아이들과 가끔 내기 축구를 벌였다. 주로 두 동네 아이들이 돈을 모아 싸구려 고무 축구공 하나를 산 후, 이긴 편이 공을 차지하는 내기였다. 경기 도중 공이 터져 낭패를 본 적도 있지만, 5리쯤 떨어진 학교 운동장에서 돌아올 무렵엔 다리도 아프고 배도 고팠다. 그러나 마음은 언제나 종달새처럼 가볍고 즐거웠다.

우루과이인 에두아르도 갈레아노Eduardo Galeano의 책 『축구, 그 빛과 그림자』는 소년에 대한 헌사로 시작된다. 이 헌사처럼 축구의, 혹은 월드컵의 즐거움을 함축한 말도 드물다. "이 글을 수년 전 칼레야 데 라 코스타에서 마주친 꼬마들에게 바친다. 그들은 축구를 하고 돌아오는 길이었고, 다음과 같은 노래를 불렀다. ⟨……우리는 이겼다. 우리는 졌다. 그러나 우리 모두 즐겁다……⟩"

모두에게 즐거운 월드컵 대회가 열린다. 축구장은 인류의 에너지가 끓어 넘치는 용광로다. 피부색이 다른 인종과 민족이 모여 공을 쫓아 달리고, 넘어지고, 치솟고, 환호한다. 갈색 피부의 선수는 야무져 보이고, 흰 선수는 늘씬해 보이고, 검은 선수는 유연해 보인다. 사람이 축구에 열광하는 것은 축구가 생명에 내재된 원초적 충동을 가장 역동적으로 구현하는 운동이고, 관객도 같은 체험을 하기 때문일 것이다.

한국은 16강을 능가하는 야심과 포부를 품고 경기장으로 향한다. 한국 팀이 아니더라도 우리는 날렵한 몸놀림과 투지, 지략으로 거인 골리앗을 이기는 소년 다윗을 보게 될 것이다. 축구의 의외성은 우리를 놀람과 감탄으로 이끌면서 새로운 축구 스타를 탄생시켜, 월드컵의 역사를 다시 쓰게 한다. 월드컵은 또한 노조 파업과 개고기 논란, 자동차 홀짝제 운행, 학교 휴업, 외국 윤락녀와 훌리건의 입국 등으로 얼룩지며 즐거움과 혼란을 동시에 선사할 것이다. 월드컵은 즐거운, 그러나 정상적인 혼란이다.

우리가 기대한 월드컵 효과는 이미 당도해 있다. 대회에 맞춰 거리를 산뜻하게 디자인하고 멋진 미술관, 박물관, 공원을 개장하여 문화 수준을 끌어올리는 것, 열린 마음과 대등한 자세로 각국의 선수와 손님을 맞아 함께 즐기는 것, 그 과정에 국가 간 상호 신뢰가 쌓여 경제 관계로 발전되는 것, 그것이 월드컵 효과다.

'축구는 국민이 다른 위험한 생각을 하지 못하게 만드는 최고의 스포츠'라는 냉소적 정의도 있지만, 월드컵 정쟁 중단이 선언된 것은 좋은 일이다. 선언을 하지 않았어도 국민의 관심은 벌써 축구장에 가 있다. 월드컵은 우리에게 정치 과열을 식힐 시원한 소나기와 같다. 잠시 정치는 잊어도 좋다. 2년 간격으로 열리는 월드컵과 올림픽에 의해 지구의 정치 과열은 냉각되어 정상을 회복한다. 월드컵 동안에 정치보다 더 의미 있는 문화적 가치와 인간적 기쁨이 있음을 만끽해보자. 지구가 둥근 것은, 신이 축구 팬이기 때문이라고 한다. 생의 어느 시기가 왁자한 축구의 날로 채워진다는 것은 큰 축복이다.

≪한국일보≫(2002.5.29) 박래부 칼럼

11

여러 매체의 특성과 기사

1. 방송 기사

 시청자가 볼 때 방송 기자는 글을 쓰는 것이 아니라 말로 전달하는 것 같지만, 방송 기자 역시 충실하게 작성한 기사를 바탕으로 사건·사고의 내용을 보도한다. 또한 전체적으로 방송 기사도 신문 기사와 크게 다르지 않다. 그럼에도 불구하고 인쇄 매체와 영상 매체의 특성상 중요한 차이점은 존재한다.

 방송 기사에서는 리드가 신문 기사에서보다 더 주요한 자리를 차지한다. 문학적 기사 쓰기에서 리드의 중요성을 강조해왔지만, 특히 방송 기사의 리드는 짧은 시간 안에 보도하고자 하는 복잡한 사건·사고의 핵심과 내용을 요약해서 간결하게 전해야 하기 때문이다.

신문 사회면의 스트레이트 기사에서는 별도의 리드를 쓰지 않는 경우도 많지만, 방송 기사에서는 대부분 다양한 형태의 리드가 구사된다. 방송 기자들은 참신하고 인상적인 리드를 쓰기 위해 많은 고심을 하게 된다. 보도 형식에 따라 앵커의 멘트가 리드를 대신하는 리포트형 기사도 있고, 스트레이트 기사를 아나운서가 읽는 낭독형 기사도 있으나, 리드의 중요성은 변함이 없다.

먼저 KBS와 MBC의 실제 기사를 보기로 한다.

법원 "KBS본부노조 파업, 업무방해 무죄"

〈앵커 멘트〉 3개월에 걸친 파업으로 업무방해 혐의로 기소된 KBS본부노조에 대해 무죄가 선고됐습니다.

적법한 절차를 밟았고 사측에 큰 피해를 주지 않았다는 점이 선고 이윱니다.

김기화 기자의 보도입니다.

〈리포트〉 지난 2012년 3월. KBS본부노조는 노조원 13명에 대한 징계 철회와 공정방송 사수를 위한 사장 퇴진을 내걸고 3개월이 넘는 파업을 벌였습니다.

이에 KBS 사측은 노조를 업무방해 혐의로 고소했습니다.

근로조건 향상과 무관한 목적이어서 정당성이 없고, 노동위원회 조정절차를 거치지 않아 절차적으로도 위법하며, 갑작스런 파업으로 광고수익 손실 등 3억 8,000여만 원의 피해를 입었다는 겁니다.

하지만, 법원은 노조의 손을 들어줬습니다.

〈인터뷰〉 박재영(남부지법 공보판사): "업무방해죄에 해당하지 않는다고 보아 무죄를 선고한 것입니다. 파업이 KBS가 예측할 수 없는 시기에 전격적으로 이뤄져 사용자의 사업운영에 심대한 혼란을 초래하였다고 보기 어렵다는 점을 들었습니다."

노조는 파업 돌입 열흘 전에 이미 파업을 공지했고 사측은 이와 관련해 파업에 충분히 대비한 만큼 절차적으로도 문제가 없다고 봤습니다.

또 사측이 주장한 3억 8,000여만 원의 피해액은 파업 기간 동안 노조원들에게 지급되지 않은 월급으로 대체할 수 있어 손해가 없다고 봤습니다.

〈인터뷰〉 김현석(전 KBS본부노조 위원장): "파업을 했다고 해서 무조건 형사법으로 처벌하겠다. 이런 관행에 대해서 제동을 건 판결이라고 생각합니다."

같은 해 있었던 MBC 노조의 파업에 대해 업무방해 무죄가 지난달 선고된 데 이어, KBS 노조의 파업에도 무죄 판결이 내려졌습니다.

KBS 뉴스 김기화입니다.

지하 1,000미터 동굴에 갇혔던 탐험가, 11일 만에 극적 구조

독일 남부 바이에른 주 알프스 산악지대에 있는 리젠딩 동굴에 갇혔던 52세의 독일 남성 조한 베스트하우저 씨가 대대적인 인력이 동원된 구출 작전으로 마침내 구조됐습니다.

베스트하우저 씨가 구출된 것은 조난당한 지 11일 만으로 알프스 인근 5개 국가에서 전문 구조대원 200여 명이 동원돼 구조작업을 펼쳤습니다.

바이에른 주 산악 구조대는 "베스트하우저 씨가 6월 19일 오전 11시 44분(현지시각)에 동굴 밖으로 나왔다"고 밝혔습니다.

구출 직후 베스트하우저 씨는 헬기로 이송돼 바이에른 주 인근 병원에서 치료를 받고 있습니다.

치료는 1주 이상 걸릴 것으로 예상되며 건강에는 이상이 없다고 병원 관계자는 말했습니다.

베스트하우저 씨는 2002년부터 독일 카를스루에공과대학

리젠딩 동굴 탐사 팀에서 연구원으로 일하고 있습니다.

리젠딩 동굴은 1995년 발견된 동굴로 독일과 오스트리아 국경을 가로지르는 길이 19km의 미로입니다.

동료들과 동굴 탐험에 나섰던 베스트하우저 씨는 지하 950m, 동굴 입구까지 거리 6.5km 지점에서 낙석을 맞아 머리에 심한 부상을 입고 조난당했습니다.

베스트하우저 씨가 움직일 수 없게 되자 함께 탐험을 하던 동료가 동굴 밖으로 빠져나와 구조를 요청했고 조난 11일 만에 구조됐습니다.

MBC 뉴미디어 뉴스국

가. 위 기사에서 보듯이, 방송에서는 높임말, 경어를 사용한다. 이는 방송 기사 자체가 사람과 사람이 마주 보고 대화하듯이 전달되는 구조이기 때문이다. 기사 문제뿐 아니라 방송에는 '방송의 품위 유지와 시청자에 대한 예의를 지켜야 한다'는 방송심의 규정이 적용되고 있다. 맥을 같이 하는 전통이고 규정이다.

나. 시청자도 보도하는 기자의 말과 호흡을 따라가기 마련이다. 시청자를 편하게 하고 빠른 이해를 돕기 위해, 신문에서 흔히 사용하는 문어체 문장 대신 가능한 한 친숙한 일

상적 구어체 언어를 사용한다.

예를 들면, 방송에서는 '철야 조사를 벌였다'보다는 '철야 조사했다'가 더 낫고, 또 이 표현보다는 '밤새 조사했다'로 하는 것이 더 이해하기 쉽고 친숙한 느낌을 준다. 더 예를 들면 '야기하다'보다는 '불러일으키다'로, '진화하다'보다는 '불을 끄다' 등의 우리말, 우리식의 표현을 모색하는 것이 바람직하다.

다. 같은 맥락에서 어렵고 현학적인 말보다 귀에 익고 쉬운 말을 쓴다.

라. 피동형·수동형 문장보다 능동형 문장을 사용한다.

마. 단숨에 말할 수 있게 문장을 짧게 만든다.

앞 기사의 '이에 KBS 사측은 노조를 업무방해 혐의로 고소했습니다', '하지만, 법원은 노조의 손을 들어줬습니다' 등의 문장이 그러한 예다.

바. 시청자가 짧은 시간에 따라오기 어려우므로 가능한 한 숫자를 적게 사용한다. 꼭 써야 할 경우는 단순화하거나(예: 12km 정도), 쉽게 이해할 수 있는 비교(예: 여의도 면적의 절반 정도) 등의 방법이 많이 쓰인다.

사. TV 기사는 늘 동영상을 염두에 두고 현장감을 최대한 살려야 한다. 동영상이 있고 없고에 따라 기사의 중요도가

달라지기도 한다.

2. 잡지 기사

평균적으로 잡지 기사는 신문 기사보다 분량이 길고 얘깃거리가 풍성하고, 더 전문성을 추구하고 있다. 이 점은 잡지 기사가 지닌 장점이고 매력이기도 하다. 그런데 많은 일간신문 기자의 경우 원고지 10장 이내의 짧은 글을 쓰는 데 익숙해지다 보면, 20~30장 정도의 긴 글쓰기를 버거워한다. 여러 매체로 활동영역을 넓히게 될 때를 대비해, 일간신문 기자도 평소 다양한 주제와 분량, 긴 호흡의 글을 쓸 수 있도록 준비를 할 필요가 있다. 일간신문과 달리 잡지에서 나타나는 기사 쓰기의 특징을 열거해본다.

　가. 잡지의 성격에 따라 문체도 달라진다. 문예지, 시사지, 전
　　　문지, 여성지, 취미잡지, 스포츠지 등의 특성을 반영해서
　　　그에 어울리는 문체를 구사한다.
　나. 글이 지니는 정서적 높낮이와 열기가 다르고, 문장과 문
　　　단의 길이 또한 길고 짧아질 수 있더라도, 집요한 주제 의

식이 글 전체를 관통해야 한다. 또 분석적이거나 상상력을 고양시키거나 생의 의지를 충동하는 등 그 잡지에 걸맞은 일관된 문체를 사용하는 것이 바람직하다.

다. 길고 풍성한 기사를 위해서 지식과 정보를 많이 모으고, 그 위에 더 취재를 해야 한다.

라. 기사 작성에서 필자의 개성을 드러내는 적당한 파격도 시도해볼 만하다.

마. 여성지, 취미잡지, 스포츠지 등에서는 특히 점점 더 영상화하는 지면을 고려해야 한다.

다음에 예로 든 글은 내가 문학동네 출판사의 창사 20주년 기념으로 청탁을 받아 쓴 글이다. 정확히 말해 ≪문학동네≫에 소속된 기자가 자기 잡지를 위해 쓴 기사가 아니고, 외부기고문에 해당할 것이다. 그러나 문예지라는 성격에 맞게, 또한 창사를 기념하는 글임을 충분히 고려하여 쓴 글이다. 좀 긴 편이지만 옮겨서 소개한다.

'외딴방' 문이 열리던 무렵

1995년 가을 신경숙의 『외딴방』이 문학동네에서 단행본으로 나왔다. 사과를 깎기 전에 빛깔과 향기를 즐기듯, 표지부터 천천히 살피다가 헌시 부분에서 흑, 하고 숨이 막혔나. 눈 중한 물체로 머리를 맞은 것 같기도 하고 감전된 것 같기도 했다. 큰 비밀을 알거나 들켜버린 것 같은 충격이었다.

'나의 큰오빠, 나의 외사촌, 지난 79년부터 81년까지 영등 포여고 산업체특별학급에 다녔던 그녀들……'로 이어지는 길지 않은 헌사였다. '영등포여고 산업체특별학급' — 기억 저편에 까마득히 잊고 지냈던 이 말이 신경숙 소설에, 그것 도 헌사 부분에 나타난 것이다. 나는 급히 그녀의 '외딴방'을 향해 줄달음쳤다.

나는 그 학교, 그 학급을 안다. 물론 아는 것만으로 가슴이 그렇게 뛰었을 리는 없다. 나는 사회부 기자였을 때 그 특별 학급의 감동적인 졸업식을 취재한 적도 있다. 그 학급은 구로공단에서 일하는 여공들이 저녁마다 향학의 꿈을 가지고 모여드는 소중한 배움터였다. 그 학급은 또한 어렵게 운영되고 수난 속에 사라진 구로공단의 많은 야학들과도 깊은 연관이 있다. 나는 유신체제 때인 1979년 중앙정보부가 공단 야학들을 '근로청소년을 의식화시키는 불온 대학생들의 온상'이라고 단정하고 서울시교위의 이름으로 모두 폐쇄시키는 아픈 과정도 취재, 보도했다.

내가 졸업식을 취재한 것은 영등포 경찰서 출입 기자였기 때문이다. 그런데 그 전 서대문 경찰서에 나갈 때도 야학 폐쇄를 취재한 것은 내가 대학 때 구로공단에서 야학 교사를 했기 때문이다. 야학 폐쇄 기사는 중앙정보부를 건드리는 매우 위험한 기사였다. 그 기사는 넘긴 지 1주일이 넘도록 못 나가다가 간신히 실렸다. 역시 그날 아침 편집국장이 중앙정보부에 불려갔다가 저녁때가 되어 겨우 돌아올 수 있었다.

소설가가 되려는 희망을 안고 소녀 신경숙이 노동과 공부를 하던 구로공단은 내게도 사연이 많은 공간이었다. '산업체특별학급'이란 단어가 나를 과거의 공간으로 데리고 갔고, 순간적으로 숨이 막히게 한 것이다. 내가 취재한 산업체특별학급 졸업식은 1979년 1월쯤이었던 것 같다. 정확히 기억하지는 못하지만 기사를 요약하면 대략 이렇다.

'교복 차림에 머리를 단정하게 땋은 여학생들이 두 편으로 강당에 앉아 있다. 자세히 보면 한쪽 여학생들은 다른 쪽보다 나이가 서너 살 쯤 많아 보인다. 식이 진행되면서 어린 쪽 학생들이 웃고 재잘거리는 동안, 언니뻘 되어 보이는 학생들 가운데 몇 명이 가냘프게 흐느끼면서 어깨를 들먹이기 시작했다. 이윽고 그 흐느낌은 언니 학생들 전체로 퍼져나가 조용한 울음의 졸업식이 되었다. 그 학생들은 낮에는 근처 구로공단에서 근무하고 저녁이면 피곤한 몸으로 이 학교에 와서 공부하는 장한 소녀들이다. 대부분 농촌에서 싱싱하니 주경야독하며 자기 힘으로 고등학교 3년 과정을 마친 것이다……'

시기적으로 보아 그때의 졸업식은 '열일곱의' 신경숙이 1학년을 마쳤을 무렵이었을 것이다. 소설에서 썼듯이 그녀는 반에서 가장 어렸고, 대부분 서너 살 위였다. 공단 여공들이 산업체특별학급에 다니는 것은 쉬운 일이 아니었다. 회사가 노조 가입자들을 제외시키거나, 노조를 탈퇴해도 지원자가 많아 경쟁률이 10 대 1은 됐기 때문이다.

힘들고 고되어도 공부를 하고 싶으나, 근무 여건이 맞지 않거나 특별학급 입학 경쟁에서 밀린 여공들이 찾은 곳이 공단 내 야학이다. 그곳에는 그 또래의 남자 공원들도 모여들었다. 그들은 여공에 비해 공부할 여건이 더 열악했다. 내가 백합성경구락부라는 야학에 참여한 것은 대학 4학년 때다. 저녁때 야학에 가면 하루 노동을 마친 남녀 청소년들이 그래도 씩씩하고 밝은 표정으로 모여들었다. 고된 나날이었지만 교실 안은 20세 전후의 젊은이들이 스스로 벌어 공부하는 보람과 자부심, 열정으로 활기가 넘쳐났다.

나는 고3반 담임을 맡으면서 영어와 일반사회를 가르쳤다. 어느 반이나 열심히 공부하는 학생들이 많았지만, 더러

야학에 오는 것만으로도 신이 나는 제자들도 있었다. 가리봉동 중심가에 위치하고 학생 수가 300명에 이르던 큰 규모의 그 야학은 학생들에게 실비 정도의 수업료를 받고 있었다. 그러나 나와 내 소개로 참여한 후배 서너 명은 일체 보수를 받지 않았다. 우리는 한강 둔치에서 체육대회도 했고, 백양사로 수학여행도 갔고 수련대회도 가졌다. 또 가리봉 시장 안의 싼 술집에서 함께 어울려 막걸리도 마셨다. 사제 간이긴 해도 모두 20대여서 그곳에서 가르치고 배운 사제가 결혼한 경우도 있었다.

돌아보면 그때가 내 생애에서 가장 순수했던 시기였지만, 졸업을 하고 신문사에 들어오면서 생활도 분주해지고 야학에 대한 기억도 점차 멀어졌다. 6개월쯤 지났을 때 후배한테서 전화가 왔다. "형, 큰일 났어. 공단 야학 모두 문 닫게 됐어." 그래서 나간 것이 '600여 근로자의 향학열에 찬물'이라는 사회면 톱기사였다. 부제는 '서울시교위 구로공단 7개 야학 시설 폐쇄', '무인가 사설강습소로 몰아'로 돼 있었다. 야학을 쫓겨난 700여 근로 청소년 중 100명만 공단 새마음 직업청소년학원 등에 수용되고 600여 명은 배움터를 잃은 것이다.

편집국장이 끌려간 날 나는 회사로부터 "멀리 취재하러 가지 말고 서대문(출입하던 경찰서)에만 있으라"는 명령을 받았다. 너도 붙잡아 가기 펴하 곳에서 대기하란 말이었다. 저녁때가 되어 해결되었다. 그 기사 대신 선배 기자가 두 개 학교에 설치된 산업체 야간 특별학급이 얼마나 효과적으로 운영되고 있는가를 쓰는 것으로 타협이 되었다고 한다. 그러나 폐쇄된 야학들은 다시는 문을 열지 못했다.

때 묻지 않은 기억들 때문에 내가 구로공단 주변과 야학에 집착하는지도 모른다. 그런데 잊고 지냈던 당시의 동시대적 · 동공간적 열망과 좌절을 『외딴방』이 훌륭한 문학으로 내게 되찾아준 것이다. 책을 읽은 후 나는 신문에『외딴방』과 정치 상황을 대비시킨 시사 칼럼을 썼다. 문학동네에서 "그 칼럼을 광고 문안으로 활용해도 괜찮겠는가?"라고 물어와 광고로 실리기도 했다.

얼마 뒤 인사동의 맥주 집에서 남진우 편집위원을 만났다. 이런저런 얘기 끝에 내가『외딴방』에 애착을 갖게 된 사연을 털어놓았다. 남진우가 "그걸 계간 ≪문학동네≫에 길게 쓰면 어떻겠냐?"고 물었다. 순간 편집위원으로서 그의 감각이 꽤 예리하다고 느꼈다. 그러나 나는 "안 쓰는 것이 좋겠다"고 답했다. 대학 때에 비해 많이 통속화한 내 삶을 돌아보는 것이 민망했을뿐더러, 알량한 야학 경험을 자꾸 들먹이는 것 역시 낯 뜨거웠기 때문이다.

그러나 지금은 묵은 얘기를 하고 있다. 문학동네와 『외딴 방』이 큰 줄기이고, 야학 얘기가 곁가지이기 때문이다. 시적인 문체로 자신의 내면과 경험을 투시하면서 맑은 이야기를 길어 올린 『외딴방』은 실험소설과 성장소설, 노동 소설, 후일담 소설 등 여러 요소를 갖춘 기념비적인 작품이다. 이 소중한 소설은 1970~1980년대의 한 젊은이가 겪는 폭력과 궁핍, 견딤, 저항, 희망 등을 1990년대의 현재적 의미와 조응시킴으로써, 삶이라는 다양한 색채와 선의 큰 벽화로 그려냈다. 소설 문학이 기본적으로 당대의 삶을 얘기해야 한다는 점에서도 하나의 모범을 제시하고 있다.

몇 년 뒤 문학동네 문학상 시상식에서 신경숙을 만나 같은 테이블에 앉았다. 문학담당 기자를 그만둔 지도 한참 되던 나는 「풍금이 있던 자리」 이후 그녀의 팬이었으나 만나는 것은 처음이었다. "이렇게 해서 만나게 되는군요." 그녀가 웃으며 말했다. 그 말을 듣자 혈육 같은 친밀감이 느껴졌다.

사실 복싱선수 출신에 운동권이었던 강태형이 문학동네를 한다는 얘기를 처음 들었을 때 내심으로 놀랐다. 그는 자유실천문인협의회나 창작과비평의 선배들과 술을 마시게 되면 저 말석에서 조용히 술잔이나 받다가, 가끔 "아줌마, 막걸리 한 주전자 더요!"라고 복창이나 하던 수줍은 청년이 아니었던가. 그러나 ≪문학동네≫에서 『외딴방』을 연재하고 단행본으로도 펴낸 것을 보면, 출발 때부터 그와 문학동네가 될성부른 나무의 떡잎이었던 셈이다.

≪문학동네≫(2013년 겨울호) 박래부

3. 전문 기자의 글쓰기

전문지의 출현과 더불어 다양한 분야, 장르에서 전문 기자가 늘어나는 추세를 보이고 있다. 풍부한 현장 경험을 바탕으로 하는 전문 기자는 해당 분야에 대해 남보다 더 큰 애착을 지니고 기사를 작성하게 된다. 또한 많은 공부로 이론적 지식도 쌓고, 글에서 독자들이 솔깃해 하거나 무릎을 칠 정도의 전문적 식견을 보여주어야 한다.

전문지와 잡지뿐 아니라 지금 많은 일간신문에서 대기자, 선임 기자 등의 이름으로도 전문 기자들이 활약하고 있다. 전문 기자는 의학 전문 기자와 패션, 과학, 축구, 자동차, 중국, 환경, 스포츠, 야구, 군사, 대중문화, 경제 등 아주 다양한 분야로 확장되고 있다.

한 예로 함동규 여행 전문 기자가 인터넷에 올려놓은 글을 보기로 한다. 이 글은 '여행'이라는 영역뿐 아니라 '전문 기자'의 삶과 일상, 성취와 어려움 등을 비교적 소상히 전하고 있다. 인터넷상의 반응을 보면 많은 사람이 그를 부러워하고 있지만, 그는 여행 전문 기자가 되려면 선망을 넘어서 충분한 체력과 열정, 끊임없는 공부가 뒷받침되어야 한다고 충고한다.

여행 전문 기자란?

트래블의 어원은 어디서 태생된 걸까?

역설적이게도 travail(고생, 고역)에서 유래됐다. 그래서일까, 집 나가면 고생이라는 말은 어느 정도 신빙성을 지닌다.

라틴어 트리팔리움tripalium. 로마 시대 뜨거운 태양 아래 꼼짝 못하게 사람을 묶는 나무들(고문기구)이라는 어원의 유래도 그럴싸하다. trip이 주로 짧은 여행을, travel은 조금 긴 여행을 의미하는지도 모른다. 하루 정도의 journey는 불어 journal(일기)에서 유래가 됐다고도 한다.

그런 점에서 여행은 꽤 많은 의미를 부여하고 있고, 우리들의 삶 전체를 포괄적으로 여행, 즉 트래블러 라이프로 표현해도 모자람이 없지 않을까 싶다.

이런 일련의 고행 길을 자처한 직업 중 하나가 여행 전문 기자다. 끊임없이 지구촌을 카메라 둘러메고 훌쩍 떠나야만

하는. 때론 연중 절반 이상을 해외에 체류해야만 하는. 그래서 주변에서는 꽤 부러운 시선으로 바라볼 수도 있다.

하지만 그렇지만은 않다. 모든 일에는 양면성이 있기 때문이다. 좋은 것과 나쁜 것은 공존하기 마련이다. 새로운 부분을 취재해야 하고 취재를 마치고 귀국을 하면 그에 상응한 콘텐츠(사진과 기사)로 다녀온 지역을 틀림없이 빛내줘야 하기 때문이다.

그래서 이런 말도 있다. '여행이 가장 필요한 사람은 여행을 마치고 돌아온 사람들이다'라는. 우스갯소리로 치부하기에는 매우 의미심장하다.

휴식을 위한 여행과 직업적인 출장은 완연히 다르다. 그러다 보니 유명 여행지에 가도 꼭 필요한 취재 일정만 마치고 돌아오기 마련이다. 하와이 출장을 가도 호텔리조트 취재로 빡빡한 일정을 소화하고 오면, 와이키키 해변에 발 한번 못 담그고 오게 되는 것과 같이.

물론 가까운 지역은 일정이 끝나면 충분히 자신의 시간을 가질 수는 있다. 그러나 이 역시 녹록치만은 않다. 여행이란 결국 누구와 함께 하느냐에 따라 크게 좌우된다. 가족과 연인, 아니면 절친과 여행을 가는 것과 비즈니스 출장은 달라도 많이 다르다.

여행 전문 기자는 결코 여행 전문가는 아니다. 실제 여행과 관련된 실무적인 일까지 속속들이 알 수는 없고 어쩌면 수박 겉핥기식으로 표피적인 부분들만 취재를 하는 측면이 강해서이다.

그렇다고 무지하다는 것 또한 아니다. 산업적인, 즉 여행 산업적인 측면에서 접근하기 때문이다.

총체적인 면으로, 혹은 숲을 보면서 취재를 하는 게 여행 전문 기자로 볼 수 있다. 크게 대양주와 북미, 동남아, 일본과 중국 그리고 중남미와 아프리카까지. 그리고 우리나라 여행 업체를 세부적으로 구분하자면 여행사와 항공사(양 민항과 외국항공사), 그리고 주한외국관광청과 호텔리조트까지. 여기에 업체들(랜드사)을 덧붙여야 한다.

필자가 오랫동안 블로그를 운영하면서 타이틀을 여행 전문 기자로 하다 보니, 수많은 이 분야 지망생들이 쪽지나 메일을 통해서 문의를 해온다. 어떻게 하면 여행 전문 기자를 할 수 있으며 또 어떤 자격이 있어야 하느냐는.

이 부분을 잠깐 언급하겠다. 자격 조건으로는 여행업에 대한 열정과 체력이 뒷받침돼야 한다. 단순히 '나 여행 좋아해요'라고 해서는 어렵다. 여행을 싫어하는 사람은 많지 않기 때문이다. 지구촌을 누벼야 하기에 늘 강인한 체력이 있어야 한다. 때론 한 달에 절반 이상은 비행기를 타고 이곳저곳을 다녀야 하는데 감기를 달고 다닌다면 곤란하다.

물론 가장 기본적인 건 언어에 대한 문법체계를 이해해야 하고, 여행업에 대한 끊임없는 공부로 매진할 열정이 있어야만 한다.

우리들은 왜 여행을 갈망하는가? 평범한, 그래서 무미건조한 일상에서의 탈출을 꿈꾸고 있기 때문이다. 이런 고충과 또 다른 고충을 떠안는 직종이 바로 여행 전문 기자는 아닐까?

전문적 지식과 교양, 또 이를 펼치는 문장력과 분석력 등 전문 기자의 특성이 드러나는 또 다른 분야의 글을 더 소개한다. 『내가 만난 술꾼』, 『술꾼의 품격』 등을 저술한 '애주가'이기도 한 임범 대중문화평론가가 ≪한겨레신문≫의 영화 전문 기자이던 2006년 6월에 쓴 기사다.

'잿빛' 조폭과 '햇빛' 일상의 교차

조폭(조직폭력배)이 자주 나오는 한국 영화에서 사람을 두 가지 부류로 나눌 수 있다. 조폭과 민간인. 이게 우스개만이 아닌 건, 조폭은 영화 속에서는 친밀한 존재이지만 여전히 현실에서는 낯선 타자에 가깝기 때문이다. 조폭과 민간인의 사랑을 〈로미오와 줄리엣〉처럼 설정한 멜로드라마든, 조폭의 남다른 언어와 생활 방식을 과장한 코미디든 영화는 조폭의 낯섦을 십분 활용해왔다. 〈초록물고기〉처럼 한 인간의 욕망과 좌절을 사실적으로 그릴 때도 조폭을 주인공으로 삼으면 세상을 온통 비정한 잿빛으로 칠해 놓아야만 했다.

16일 개봉하는 유하 감독의 세 번째 영화 〈비열한 거리〉는 조폭의 욕망과 좌절을 그리는 전형적인 조폭 영화다. 그런데 어딘가 남다르다. 영화의 주인공 병두(조인성)는 어떨 땐 낯선 조폭의 세계에 있다가, 어떨 땐 관객 옆 친숙한 일상의 세계로 나와 앉는다. 영화 속 세상도 누아르 영화의 잿빛을 띠다가 한가하고 지루한 도시의 햇빛 속에 들어오기를 되풀이한다.

웨이터 출신으로 조폭이 된 병두는 홀어머니와 학교 다니는 두 동생이 철거촌에 산다. 행동대장쯤 되는 그의 밑에 딸린 조직원도 대여섯 명쯤 된다. 돈을 벌어야 할 필요성이 절박하지만 중간 보스가 좀처럼 병두를 키워주지 않는다. 병두는 중간 보스를 제치고 직접 보스와 거래하기 시작하고, 마침내 중간 보스까지 제거한다. 의리를 내세우면서 냉정한 계산에 따라 등 돌리고 배신하는, 교활한 질서의 묘사가 정치하다. 이런 질서의 재생산은 결국 병두도 제거할 것이라는 불길한 예감까지도 갖게 한다. 하지만 이런 구도는 조폭 영화에서 많이 보아온 것이기도 하다.

영화는 병두의 가족, 초등학교 동창 현주(이보영)와의 연애, 조폭 영화의 시나리오를 쓰려고 병두를 취재하는 영화감독 지망생 친구(남궁민) 등 병두 주변의 '민간인' 세계를 조폭 세계와 병행해 보여준다. 그 교차 편집에서 〈비열한 거리〉는 남달라진다. 이 민간인들도 저마다 모순된 욕망을 지니고 있고 그 점에서 조폭 세계와 유사하기도 하지만, 영화 속 두 세계의 만남에선 낮은 파열음이 일어난다. 좀 과장하면 재현의 세계(조폭)와 일상의 세계(민간인)를 번갈아 보는 것 같기도 하고, 다른 두 영화를 보는 것 같기도 하다. 그 파열음이 쌓이다가 어느 순간 질적으로 도약한다.

병두는 민간인 세계에 사는 현주와의 거리를 좁히려 하지만 좀처럼 좁혀지지 않는다. 유부남과 연애했던 현주의 사연이, 부지불식간에 터져 나오는 병두의 폭력성이 자꾸만 둘 사이를 막는다. 여전히 두 세계는 멀리 있고 언제 지뢰가 터질지 모르는 상태에서, 어느 순간 이 둘 사이가 뚫리고 병두의 인생이 힘을 받는다. 불안한 세상에 주인공의 희로애락의 감정선이 안착하는 순간, 이질적인 두 세계가 그 거리를 그대로 둔 채 한 공간 안에 녹아든다. 그때 전해지는 사실감은 구체적이고 역동적이다.

〈비열한 거리〉는 조폭 영화이면서 동시에 조폭의 과잉된 이미지에 대한 감독의 자의식을 끊임없이 드러내는 독특한 영화다. 두 마리 토끼를 좇는 듯 불안정한 느낌을 주기도 하지만 순간순간 빛나는 장면을 빚어낸다. '사시미칼'과 쇠몽둥이가 오가는 살벌한 싸움 속에서도 '민간인'들의 지루하고 비루한 욕망의 드라마가 기죽지 않는다. 그건 한국 조폭 영화에서 드물게 만나는 반가운 모습이다.

전문 기자로 평가받게 되면 같은 언론계뿐 아니라 다른 유관 분야로 활동 범위를 넓히는 데도 유리하다. 언론계를 보면 문학, 미술, 스포츠 등에서 전문성을 인정받은 기자가 전문지에서 경제지로, 다시 종합일간지로 일터를 옮겨가며 언론인으로서 자신의 야망과 목표를 추구한 사람도 여럿이다.

좀 다른 면을 얘기하자면, 이 같은 경우는 또한 현실적으로 규모가 큰 언론사일수록 입사 경쟁이 치열하기 때문에 비교적 경쟁이 덜한 작은 규모의 언론사나 전문지 등에서 언론계 생활을 시작하는 것도 한 방법이라는 것을 말해주기도 한다. 그곳에서 경력과 실력을 쌓은 후 본래 희망하던 언론사의 경력 기자로 스카우트되는 길도 있기 때문이다. 사실 수습기자 시험이나 제도

기 없는 구미의 경우는 언론인의 이런 행보가 보편화되어 있다.

다시 기사에 대해 말하자면, 전문 기자가 되기 위해서나 중견 기자로서 타사에 스카우트되기 위해서도 해당 분야에 대한 풍부한 지식과 매력적인 글을 쓸 수 있는 역량을 갖춰야 한다. 그런 문장력을 구비하는 데 가장 도움이 되는 것이 평소에 문학적 글쓰기를 내면화하고 육화肉化하는 습관이다.

다시 한 번 강조하자면 문학적 글쓰기는 모든 글쓰기의 바탕이자, 기자가 갖춰야 할 기본적 자질이기 때문이다.

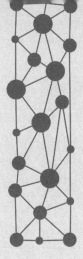

부록

기사 쓰기, 좌충우돌 30년

신문사 기자 시험에 합격했을 때 기뻤다. 마침내 나에게 기회가 왔구나. 내 열정을 바쳐 이 세상을 향해 육자배기 한 가락을 뽑을 공간이 확보되었다. 과장해 말하자면, 별로 부끄럽지 않은 독서량과 제법 괜찮은 필력의 소유자인 내게 기다리던 펜과 종이가 주어진 것이다.

사회부 사건기자로 경찰서에 배치되었다. 그러나 현장은 만만하지 않았다. 독서량이고 필력이고 뭐고, 간단한 교통사고 기사도 잘 쓸 수가 없었다. 첫 기사를 쓸 때 취재를 해놓고 30분 이상을 혼자 끙끙댔다. 마감시간이 다가오자 마음이 급해져서 타사 기자에게 도움을 청했다.

"이 형, 이런 기사는 어떻게 쓰는 거요?"

"첫 문장을 나누는 게 좋을 것 같은데……, '마주 오던 두 차가 충돌했다'로 끊어서 두 문장으로 하는 게……."

자존심을 버리니 간단히 해결되었다. 그는 나보다 6개월 정도 먼저 시작한 기자였다.

또 한번은 화제성 기사가 나를 궁지로 밀어 넣었다. '시경 캡(서울시경찰청을 출입하며 사건기자 업무를 총괄하는 선배 기자)'한테서 "KBS에서 헤어진 지 20여 년 만에 만나는 극적인 모자 상봉이 있으니 취재하라"는 지시가 왔다. 시간 맞춰 스튜디오에 갔다. 방송사는 두 사람의 모자 관계를 확인하고도 드라마틱한 만남을 연출하기 위해 스튜디오에서 처음 만나게 하고 있었다. 과연 눈물의 상봉이 되었다.

취재를 마치고 회사로 왔다. 그러나 눈물범벅이 된 그 만남을 어떻게 기사로 시작해야 할지 도무지 생각이 떠오르지 않았다. 6하원칙도 소용없었다. 피가 마르는 듯 얼굴이 하얘진 느낌이었다. 마감시간이 다가와도 쓸 기미가 보이지 않자 데스크에서 "그 기사 다른 사람에게 넘기라"고 지시했다. 5~6년 된 한 선배가 내 취재내용을 넘겨받아 기사로 완성했다.

참으로 괴롭고 부끄러웠다. 드러난 나의 무능이 오직 창피할 뿐, 어떤 설명도 자기변명도 할 수 없었다. 기자 생활을 하면서 그 뒤로도 몇 차례 기사 쓰기가 제대로 안 되어서 수모를 더 겪었다. 하지만 무능에도 익숙해졌는지 처음만큼 충격과 상처를 받지는 않았다.

■ 초년 기자의 계속되는 낭패

신문사에서는 수습기자일지라도 일부러 도움을 청하기 전에는 아무도 그에게 기사 쓰는 법을 친절하고 구체적으로 가르쳐 주지 않았다. 간혹 "너 그 기사 잘 썼더라"고 평할 때도 있지만, 대체로 칭찬에도 인색하다. 오히려 자주 긴 문장을 사용하는 동기를 보고 "야 인마, 독립신문 때도 이렇게 긴 문장은 없었다"고 핀잔을 주는 짓궂은 선배도 있었다.

내가 완성하지 못한 모자 상봉 기사는 지금까지 쓰라린 기억으로 남아 있다. 사건은 늘 예상치 못한 낯선 표정으로 다가온다. 사건에 따라, 혹은 상황에 따라 기사 쓰기도 달라진다. 그런 점에서 다양하게 사건에 접근하고 기사화할 줄 몰랐던 것이다.

나중에 생각해보니 그 기사만 해도 "'어머니!' '상수야!' 모자는 더 말을 잇지 못했다. 부둥켜안고 눈물만 하염없이 흘렸다" 정도로 시작했더라면 평범하지만 무난했을 것 같았다.

어쩌다 선배가 기사 쓰기와 관련해서 충고를 해주었다. 문장가로 알려진 부장급 선배로부터 "문학서적을 많이 읽어라"라는 충고를 듣고는 속으로 무릎을 쳤다. 그렇다. 글쓰기는 기자라는 야전 병사에게 자신을 지켜주면서 고지도 점령하게 해주는 개인

화기와 같다. 글을 잘 못 쓰면 치밀한 취재도 감동적인 기사가 되지 못한다. 문장이 안 되면 기자로서 홀로서기가 안 되는 것이다.

사회부에서는 내가 써서 넘긴 기사가 신문에 인쇄되어 나올 때면 남의 기사처럼 되어 있을 때가 많았다. 완전히 다른 기사로 고쳐져 있는 것이다. 그럴 땐 원망을 하거나 화가 나기보다 자신의 남루한 필력이 부끄러웠다. 그래서 고쳐진 부분을 밑줄 쳐가며 신문 특유의 문장을 공부했다.

"이럴 땐 흥분해서 쓰레이."

부장의 이 말도 예리하고 소중한 가르침이었다. 박정희 대통령이 암살된 뒤 구치소와 교도소에 구속되어 있던 많은 민주 인사들도 12월 7일 저녁 갑자기 석방되었다. 그 석방 첫날 "석방되는 민주 인사 한 명을 구치소 앞에서 집까지 따라가며 취재하라"는 지시를 받았다. 기분 좋은 취재였으나 마감시간이 촉박해 쓰기는 쉽지 않은 기사였다.

그날 서울 영등포구치소에서 석방되는 여러 민주 인사 중 취재 대상으로 삼은 사람은 성유보 ≪동아일보≫ 선배 기자였다. 저녁 7시 45분쯤 이미 어둠이 짙게 깔린 구치소의 문이 열리자 솜옷 차림의 민주 인사들이 몰려 나왔다. 기사에는 택시를 탄 것으로 되어 있으나 실은 취재차에 성 선배를 태우고 그의 집으로 갔다. 차 안에서 부지런히 기본적인 취재를 했다. 집에 도착하니

미처 석방 연락을 받지 못한 두 아들과 부인이 뛰어나와 매달리고 부둥켜안았다. 그 감동적인 재회 장면을 한동안 눈물겹게 지켜보았다.

■ "이럴 땐 흥분해서 쓰레이."

마감시간이 얼마 남지 않아 회사로 급히 돌아오며, 머릿속은 기사를 어떻게 쓸 것인가 하는 구상으로 바쁘게 돌아갔다. 책상 앞에 앉자 부장이 말했다. "이럴 땐 흥분해서 쓰레이." 부장이 기사 쓰기에 대해 충고하는 것은 참 드문 일이었다. 퍼뜩 느낌이 오며 기사 방향과 골격이 금방 다 정해지는 듯했다. 편안한 마음으로 기사를 빨리 완성해 넘겼다.

부장의 충고는 현장의 달뜬 분위기를 최대한 살리라는 얘기였을 것이다. 그 기사에는 한밤중에 갑자기 찾아온 석방 소식, 민주화가 실감되는 시대적 감격, 재회하는 가족의 뜨거운 사랑 등이 당사자와 같은 정서적 높이와 감정적 흐름으로 담겨 있어야 한다는 뜻이었을 것이다. 기사 쓰기는 매체나 장르에 따라, 혹은 그때의 분위기에 따라 달라져야 현장감이 있게 된다.

편집부 기자가 그 기사의 제목을 훌륭하게 뽑았다. 부인과 함께 기뻐 어쩔 줄 모르는 아이 둘을 안고 있는 성 선배의 사진도 멋졌다. 회사 선배가 고쳐준 도입부 역시 간결함 속에 감격과 흥

분을 전하고 있었다. 사회부 기사의 한 예로 꼽을 만하여 기사를
모두 옮겨 본다.

'닫힌 門 열리며 「自由」의 포옹'
- 긴급조치 관련 구속자 석방되던 날 -
한밤중 갑자기 돌아온 아빠 보고 외국 갔다 온 줄 알고
"선물 어딨어"

한밤중 갑자기 안겨든 자유. 한밤중 갑자기 겪는 만남. 전
국 곳곳의 교도소와 구치소 문 앞은 다시 결합하는 혈육들의
기쁨으로 밤새 출렁댔다. 솜옷 입은 아들을 부둥켜안은 어버
이는 수염이 따가운 아들의 볼을 쓰다듬며 눈물을 쏟았고,
"외국에 출장 가셨다"던 아빠를 마중한 다섯 살 아들은 "아빠,
선물은 어디 있어?" 소리쳐 어른들을 울렸다. 긴급조치 9호
가 해제되던 '한밤중'은 겨울밤답지 않게 짧고 또 짧았다.

시간으로는 7일 하오 7시 45분. 서울 영등포구 고척동에 있
는 영등포 구치소 앞은 분명히 한밤중이었으나, 수감자들이
하나씩 둘씩 풀려나오면서부터는 이미 새벽이었다.

맨 먼저 회색 바지와 흰 저고리의 김상복 군(25·중앙신학
대 3년)이 지팡이를 짚고 걸어 나왔다. 소아마비로 약간 불편
한 모습인 김 군을 멀리서 가장 먼저 발견한 김 군의 누이동

생은 "오빠아" 하고 큰 소리를 냈다. 그 순간, 김 군과 김 군 가족들의 두 손 벌린 달음박질은 시작됐다. 멋지고, 감격적인 만남이었다.

다음 순서는 흰 저고리, 검은 바지 차림의 성유보 씨(37 · 전 《동아일보》 기자), 그다음 순서는 송좌빈 씨(56 · 충남 대덕군 동면 주산리 151), 그리고 그다음은 김용훈 씨(30 · 충남 논산군 논산읍 반월리 162). 이들은 모두 갑작스러운 석방 소식이 가족에게 전해지지 않아 마중 나온 사람이 없었다. 3인은 잠시 허탈한 듯하다가 근처 대폿집으로 가 막걸리 2되를 게 눈 감추듯이 들이켰다. 안주는 돼지볶음.

송 씨와 김 씨가 어디론지 떠난 뒤 성 씨는 택시를 타고 서울 강남구 도곡동 제2아파트 26동 107호 자택에 밤 9시 50분 도착했다. 그 시간 부인은 남편이 다음 날 새벽에나 나올 것으로 알고 머리를 감고 있었다. 두 아들 덕무 군(6)과 영무 군(3), 그리고 머리를 적신 부인 장순자 씨(36)와의 극적인 만남은 그렇게 갑작스럽게 이뤄졌다.

"아빠아", "아빠아"

번갈아 어깨에 매달리던 두 아들은 '선물'을 찾았다. 선물 대신 연신 뽀뽀를 퍼붓던 성 씨는 "나는 내일이나 나오는 줄 알고……" 하면서 말을 잇지 못하는 부인을 안으며 눈물을 흘렸다.

11개월 만에 맞이하는 일가족 4명의 재회였다.

"오늘은 바빠서 선물을 못 샀으니 내일 사줄게."

성 씨는 아파트 문 안에 들어온 지 10여 분 만에 비로소 의자에 앉으며 아들에게 말했다.

입사한 지 1년이 지난 그 무렵 나는 기사 쓰는 데 전처럼 어려움을 느끼지 않을 만큼 군살이 박혀 있었다. 그 후 한 달쯤 지나 나는 외신부(지금의 국제부)로 발령이 났다. 서랍을 정리하고 있는데 부장이 말했다. "박래부 씨가 영문과 나왔나? 어쩌면 기사를 그렇게 문학적으로 쓰지?"

나는 크게 구분할 때 저널리즘 글쓰기에는 문학적 글쓰기와 분석적(논리적) 글쓰기가 있다고 생각한다. 부장의 말대로 나는 사회부에 있는 동안, 그리고 그 후에도 끊임없이 문학적 글쓰기를 시도했다. 신문에서 잘 받아주지 않더라도 나만의 표현방식을 모색했다.

그러나 문학적 기사 쓰기 시도가 늘 환영받은 것은 아니다. 이를테면 사회부에서 '추석 스케치 기사를 보내라'고 한 적이 있다. 그때 너도나도 귀성하기 위해 몸살을 앓는 우리의 관습을 "추석은 우리가 어릴 적 친구들이나 친지를 만나기로 한 '무언의 약속 날짜'이기 때문"이라고 썼다. 전화로 기사를 받는 선배로부터 그 표현이 맘에 들었는지 "햐!" 하는 반응을 들었으나, 정작 신문에는 그 문장이 살아 있지 않았다.

또 한번은 우체국 집배원에 관한 미담 기사를 쓸 때였다. 첫 문장을 "우편배달부(당시는 이 말을 사용했다)는 만나기만 해도 반갑다"고 정겨운 이미지를 깔면서 시작했다. 지금은 집배원이 돈을 지불할 청구서나 고지서 등을 잔뜩 가져다주기 때문에 당시만큼 반가운 것은 아니지만, 그때는 기쁜 소식의 전령사 같은 이미지가 많았다. 대단한 것도 아니지만 이 문장도 빛을 보지 못했다. 담당 데스크는 초년 기자가 오래 머리를 짜내 썼을 문장은 비정하게 지워버리기보다 가능한 한 남겨두거나, 아니면 오히려 더 좋은 표현으로 살려가는 지혜가 있어야 한다고 생각한다.

■ 외신부 거쳐 문화부 근무

외신부 기사 쓰기가 시작되었다. 외신부 근무는 각국이 펼치는 치열한 외교전과 긴박한 움직임을 분석하고 해설적 기사를 쓰는 일이 중요했다. 때때로 대사건이 발생해 부원 전체가 달라붙어 밤을 새우며 국제적 감각과 안목을 넓히는 계기도 되었다. 나는 내 나름의 '문학적 기사 쓰기'를 계속해 나갔다.

다시 문화부로 발령이 나 문학담당 기자가 되었다. 입사 때

내 이력서에는 '국민대학보 주최 제3회 국민문학상 시 부문 당선'이라는 경력이 한 줄 들어가 있다. 문학담당을 하면서 많은 시를 읽고 또 많은 시인과 어울렸다. 당시 쓴 한 문학 기사의 앞부분을 소개하고자 한다. 내가 부음 기사로 쓴 김종삼 시인은 우리 시단에서 좀처럼 만나기 힘든, 이질적 체질의 훌륭한 시인이었다.

순수 긷던 마지막 시인 ― 63세로 타계한 김종삼의 시 세계

〈라산스카/ 나 지은 죄 많아/ 죽어서도/ 영혼이/ 없으리〉

지난 8일 63세로 타계한 김종삼 시인이 만년에 쓴 시에는 죽음의 그림자가 자주 어른거린다. 그는 다가오는 죽음을 동요도 없이 응시했던 것 같다. 아니 차라리 죽음을 향해 병든 육신을 한발 한발 옮겨 갔다고 하는 것이 더 정확할 것이다.

「내가 죽던 날」이라는 시에서는 〈눈발이 날리고 있었다. 주먹만 하다/ 집채만 하다/ 쌓이었다가 녹는다/ 교황청 문 닫히는 소리가 육중하였다/ 냉엄하였다〉라고 자신의 죽음을 마치 남의 일처럼 예감하고 있다.

최근에 발표된 「장편掌篇」(≪세계의 문학≫ 가을호)에서는 '쉬르레알리슴의 시를 쓰던/ 쓰던 나의 형/ 종문은 내가 여러 번 입원하였던 병원에서/ 심장경색증으로 몇 해 전에 죽었다 (중략) 아우는 스물두 살 때 결핵으로 죽었다/ 나는 그 때부터 술꾼이 되었다/ 혼자 왔다가 혼자 가는 것들/ 나도 가 까워지고 있다'고 죽음과 연관된 자전을 쓰고 있다.

그는 동생 종수의 죽음으로 술과 가까워졌지만 동시에 죽음과도 가까워졌다. 이때가 50년대 초기였다. 그는 당시 불문학을 전공하고 음악을 좋아했던 전봉래(시인 전봉건의 형)의 자살을 겪었다. 그 후 그의 시에서는 전봉래와 시인 김수영, 문학평론가 임긍재, 화가 정규의 죽음이 자주 등장한다.

절제된 언어로 죽음과 음악, 미술, 사원寺院 등을 노래하는 그의 시를 문학평론가 김현 씨는 "김영랑의 순수성에 모더니즘적인 감각이 추가된 것"으로 보고 있으며 독일 절대시에 가까운 것으로 평가한다. 그는 또한 "김종삼이 시와 삶을 일치시키려고 노력한 점에서는 김수영과 비슷하나 보헤미안이라는 점에서는 유니크한 시인"이라고 말한다. (후략)

이 기사가 나간 날 장명수 (문화)부장이 "(김성우 편집)국장이 기사 좋다고 칭찬했다"고 전해주었다.

'문학기행'이라는 연재도 시작했다. 신문이 12~16면 정도로 얄팍할 무렵 매주 컬러 면에 하나의 문학작품과 탄생 배경, 집필 의도, 무대가 주는 이미지 등을 크고 넓게 펼치는 기사였다. 김훈 선배와 함께 2년 동안 이 연재를 계속했는데, 문학에 관심 있는 많은 독자의 사랑을 받았다. 몇십 년이 지난 지금도 『김훈·박래부의 문학기행』을 기억해주는 사람들을 종종 만난다. 내가 첫 연재물로 쓴 '박경리의 『토지』'편은 그 후 전남대학교 교재와 고등학교 교과서에 각각 실렸다.

미술 기자로 역할이 바뀌었다. 미술 기자를 하는 동안은 치열한 현실과 다소 거리를 둘 수 있는 일종의 휴지기였다.

그 후 부장을 거쳐 논설위원이 되었다. 사설을 쓰는 일은 예상보다 어려웠다. 나는 10년 이상을 문화부 기사 쓰기와 문화부 데스크 일에 매달려왔다. 그런 탓에 사설이라는 논리적·분석적 글을 쓰는 데 익숙해 있지 않았다. 정치부나 사회부, 경제부 등에서 잔뼈가 굵어진 기자들은 사설 쓰기에 금방 적응하고 있었다. 사설과 칼럼 쓰기에서 뒤처지지 않은 논설위원이 되려면, 뒤늦게 새로 글쓰기 공부를 해야 했다. 당혹스럽지만 당연한 과정이었다.

■ 다시 공부한 사설과 칼럼 쓰기

문학적 기사 쓰기에는 풍부한 상상력과 유려한 표현력이라는 장점이 있다면, 분석적 글쓰기에는 논리적 명석함과 정확한 대안 제시라는 이점이 있다. 논설위원실에 와서 논리와 대안 제시라는 구축적·입체적 글쓰기를 더 연마해야 했다.

마침내 내게 기자로서 최종 단계라 할 수 있는 개인 칼럼난이 제공되었다. 개인 칼럼을 쓰는 일은 자신의 철학과 가치관을 마지막 지점까지 밀고 가는 고독한 작업이다. 기자로서 명예롭지만 늘 어깨가 무거운 일이기도 하다.

따라서 또 한 번 사정이 바뀌었다. 사설 쓰기 때와는 달리 칼럼 쓰기에서는 문학적 글쓰기가 큰 자양이 되었다. 독자들이 칼럼에서 기대하는 것은 단순 정보가 아니다. 칼럼 쓰기는 단순 정보와 평면적인 상식들을 풍부한 지식과 상상력으로 비틀고 뒤집고 파헤치면서, 독자를 합리적이되 공감이 가는 결론 쪽으로 이끌고 가야 하는 것이다. 여기에 다소 현학적으로 보이더라도 금언과 격언, 경구, 잠언 등의 아포리즘을 인용하면 더 세련되고 윤택해진다.

그러나 문학적 글쓰기가 남용되면 칼럼이 싱거워진다. 반면 분석적 글쓰기로 일관하면 글이 건조하고 까칠해진다. 두 가지 글쓰기의 간을 적절히 맞추는 균형 감각이 갖춰져야 쓰기가 수월해지고, 독자의 공감도 커진다.

'박래부 칼럼'에서는 가능하면 정치사회적 소재, 그것도 사회적 논란이 한창 뜨거워져 비등점을 이룬 소재를 주로 다루었다. 쓰다 보니 지지자도 적지 않게 생겼지만, 비판자와 적도 많이 만들었다. 그런 분위기의 칼럼을 예로 본다.

삐딱한 기자의 변명

한 달 전쯤 선배 한 분이 말했다. 허물없는 사이인 몇 언론사 선후배가 점심을 먹는 자리였다. "박래부 씨만 혼자서 삐딱하게, 독특하게 글을 쓰고 있어." A신문, B신문까지 모두 반反노무현으로 돌아섰는데, 나만 참여정부를 지지하고 있다는 얘기였다. 다른 사람들도 미소로 그 말에 동의하고 있었다. 선배의 배려와 염려가 송구스러웠다. 한편으로 타인을 통해 나의 고립이 확인되자, 서늘한 바람이 등을 스치는 듯했다.

다른 선배로부터는 공개적으로 면박을 받은 적도 있다. 내 글이 "옛날 같으면 쓰레기통으로 들어갈 글들"이라는 것이다. 하찮은 내 글을 지지하고 격려해주는 고마운 선후배가 없는 것은 아니다. 그러나 이런 비판을 거리낌 없이 해주는 선배들 또한 얼마나 감사한가. "옛날 같으면 쓰레기통으로 들어갈 글들"이라는 말이 사정을 잘 설명해준다. 전적으로 맞는 말씀이다. 내가 쓴 글을 돌아본다. 큰 줄기는 민주적 개혁을 지지하고, 민족 통일을 주장하고, 사회의 진보 욕구를 억압해서는 안 된다는 것 등이었다. 군사독재 시대 같으면, 이런 글은 쓰레기통으로 들어갔을 것이다.

지금은 군부독재가 물러가고 자유민주주의를 호흡할 수 있게 되었다. 따라서 이제는 소신껏 민주적 주장을 펼 바탕이 마련되었다고 믿는데, 어떤 이는 내 글을 못마땅해 한다. 이 부분을 이해할 수가 없다. 나는 자유와 민주주의의 가치를 확장하기 위해 글을 써왔으나, 결코 건전한 상식선을 벗어나지 않았다고 믿고 있다. 나는 현 정부가 DJ정부의 햇볕정책을 발전시키기 위해 남북 교류를 확장하는 것, 국가보안법을 개정 또는 폐지하고 형법으로 보완하는 것, 언론관계법 개정을 통해 일부 신문사의 시장지배적 지위를 개선해야 한다는 것 등을 주장해왔다. 이 밖에도 송두율 교수에 대해 우리 사회가 포용적 태도를 보일 것과, 'X파일'을 공개한 MBC 이상호 기자의 보도를 옹호했다.

요즘이 마침 대통령이 언론에 대한 비판의 강도를 높이고 있는 때라, 변명하기가 더 불편하고 구차해졌다. 그러나 현 정부 들어서 친정부적 글만 쓴 것은 아니다. 행정수도 이전과 출산 장려, 스크린쿼터 축소 등을 반대했고, 이해찬 총리 골프 파동 때는 공직자의 골프 금지를 주장했다. 현 정부의 인재 풀이 넉넉지 못하고 자기들끼리 자리를 나눠 차지하는 폐쇄된 인사에는 환멸을 느끼며, 또 그 점을 비판하기도 했다. 그러나 정부에 대해 매섭게 비판하더라도 국정이 정상

운영될 수 없을 정도로 기본적 틀을 흔들어서는 안 된다고 생각한다.

지금은 건국 이래 가장 민주적인 사회다. 대통령은 예전에 비해 많은 권력을 놓았다. 그는 언론 통제도 안 하거나, 못 한다. 못 한다면 언론사와 기자의 힘이 세어졌기 때문이다. 지금은 많은 기자가 권력의 눈치 안 보고 필봉을 휘두른다. 민주화 이전의 독재주의하에서는 어림없는 언론자유를 누리고 있다. 나는 다른 기자의 글을 비판하기도 했다. 그쪽에서 보았을 때 나는 비겁하거나 어용 기자일 수 있다. 그러나 가장 민주적인 정부에게 연일 타격을 가하는 것은 어떤 결과를 초래할 것인가. 수구 세력에 대한 비판은 거의 없이, 민주적 정부를 사사건건 공격하는 것은 공정하지 않다. 현 정부를 비판하지 말자는 것이 아니라, 균형을 유지하는 것도 중요하다는 것이다.

유신 시대에 언론계에 들어와 1980년 '서울의 봄'이 유린당하는 것을 겪은 나는 이렇게 생각한다. 만약 지금이 군사정부 시대라면, 나는 지금 같은 논조의 글을 쓰기 어려웠을 것이다. 대신 많은 기자들이, 마치 지금의 나처럼, 정부를 지지하는 글을 쓸 수밖에 없지 않았을까. 바꿔 말하면, 기자들이 지금같이 정부에 대한 비판의 글을 걱정 없이 쓸 수 있게 만든

민주적 정부를 오히려 흔들기만 해서는 안 된다고 생각한다.

≪한국일보≫(2007.1.23) 박래부 칼럼

이 글이 나가자 많은 독자의 지지 이메일과 전화를 받았다. 개인 칼럼을 쓰기 시작한 후 가장 뜨거운 반응이었다. 특히 미국 동포들의 격려가 많아 해외에 거주하는 분들의 애국심에 대해 다시 한 번 감사함을 느꼈다.

기자 초년 때부터 나의 모든 기사 쓰기를 돌아보면 새로운 장르를 만날 때마다 새로운 공부를 해야 했다. 많은 기자가 같은 경험을 했겠지만, 나의 기자 생활 역시 애초 내가 원하던 것과는 다른 방향으로 전개됐다. 격동의 시대가 기자의 삶에도 여러 번 불운과 행운을, 괴로움과 기쁨을 교차하게 만든 것이다. 그러나 기대와 희망이 좌절되면, 그 좌절과 실망을 딛고 다시 새로운 글쓰기가 열리면서 긍정적 기회가 다가오곤 했다.

나의 의지나 욕망만으로는 밀쳐낼 수 없는 어떤 육중한 무게가 내 생애에 영향을 미친 것 같다. 한 시대가 빚어놓은 그 변화들은 운명적 요소와도 겹쳐 거부할 수도 없었고, 늘 예상에서 멀리 벗어났다. 펜 한 자루에 생애를 의지한 백면서생의 고단한 삶이었지만, 그 점은 신비의 영역에 속할 것이다.

낯선 학생이 보낸 이메일

안녕하십니까? 저는 서울의 한 대학교에서 언론을 전공하고 있는 4학년 학생인 최서윤이라고 합니다. 선생님의 ≪미디어오늘≫ 칼럼 잘 보고 있습니다. 칼럼을 보다가 한 가지 여쭙고 싶은 점이 생겨서 메일을 드리게 되었습니다.

사실 제가 이번 학기에 과제로 '기자 분석 보고서'라는 것을 받아서 여러 일간지의 논설위원들을 중심으로 칼럼을 보고 있는 중이었는데, ≪미디어오늘≫에서 선생님의 칼럼을 보게 되었습니다. 그리고 흥미로운 점을 발견했습니다.

처음에는 칼럼이 쉽고 재미있게 읽혀서 '글을 쉽게 잘 쓰시는 분이구나' 하고 넘어갔는데 한 번씩 다시 훑어보니 거의 대부분의 칼럼 도입부에 문학적인 요소를 사용하고 계시더라고요. 그래서 ≪한국일보≫ 재직 당시 쓰셨던 칼럼과 '지평선'까지 총 50

편이 넘는 칼럼들을 읽어보았습니다. 키뮤니게이션북스에서 출판된 선생님의 『분노 없는 시대, 기자의 실존』도 사 보았습니다. 많은 칼럼들에서 문학적 요소를 발견할 수 있었습니다. 소설과 시뿐만 아니라 동서양 사상가들의 명언이나 미술, 음악과 같은 예술 분야에 관련된 것들도 볼 수 있었고요.

분명 그냥 기사만 쓰는 기자는 아닌 것 같았습니다. 검색을 해보았더니 제가 잡아내려 했던 초점이 틀리지 않았습니다. 쓰신 책들이 모두 문학에 관련된 것이더군요. 김훈 작가님과 쓰신 『문학기행』과 『작가의 방』뿐만 아니라 『화가 손상기 평전』 같은 미술 분야 책도 쓰신 것을 보았습니다.

기자로 오랫동안 일하셨음에도 불구하고 어떻게 문학과 예술에 대한 깊은 지식을 가지고 계시는지, (아는 것보다 모르는 게 훨씬 많은 젊은이라 어리석은 질문을 하는지도 모르겠습니다) 지식은 혹시나 책으로 채울 수 있는 것이라 하더라도 행간에 묻어나는 문학적 감성은 어떻게 만들어낼 수 있는지가 정말 궁금했습니다. 선생님처럼 글을 쓰고 싶기에 더욱 궁금했는지도 모르겠습니다.

저는 기사를 쓰는 사람은 되지 않을 작정이나 (핑크빛 꿈을 가지고 대학에 왔으나 기자의 현실이 그리 만만한 것이 아님을 깨닫고 오만을 거두었습니다) 글은 계속 쓰고 싶습니다. 그래서 논설이라는 딱딱한 글을 가슴에 스며들게 쓸 수 있는 선생님의 능력은 어디서 오는 것인가가 더욱 궁금합니다. 인터넷 검색으로 정답을 찾는 건 어리석은 일인 것 같아 이렇게 직접 메일을 보내 여쭙니다. 답변해주신다면 정말 감사하겠습니다.

저널리즘에 대한 생각도 여쭙고 싶은데 너무 폐를 끼치는 것 같아 이만 줄입니다. 감사합니다.

2012년 5월 16일

최서윤

참고문헌

강미은. 2007. 『글쓰기의 기술』. 원앤원북스.

김경훤 외. 2007. 『창조적 사고 개성적 글쓰기』. 성균관대학교 출판부.

김창룡. 2001. 『실전취재보도론』. 커뮤니케이션북스.

남재일·박재영. 2007. 『한국 기획기사와 미국 피처스토리 비교분석』. 한국언론재단.

박래부. 2008. 『분노 없는 시대, 기자의 실존』. 커뮤니케이션북스.

박상건 외. 2007. 『예비 언론인을 위한 미디어 글쓰기』. 당그래출판사.

슈낙, 안톤(Anton Schnack). 1998. 『우리를 슬프게 하는 것들』. 차경아 옮김. 문예출판사.

엘뤼아르, P.(Paul Eluard). 1976. 『이곳에 살기 위하여』. 오생근 옮김. 민음사.

유병환 외. 2011. 『고등학교 문학 II』. 비상교평.

윤석홍·유선영 외. 1997. 『언론상과 우수기사 (해외편)』. 한국언론연구원.

이기홍·김우룡·차배근. 1993. 『매스컴 대사전』. 한국언론연구원.

이태준. 2005. 『문장강화』. 창비.

이행원. 1996. 『보도취재의 실제』. 나남출판.

전남대학교 대학국어편찬위원회. 1999. 『한국의 언어와 문학』. 전남대학교 출판부.

프리드먼, 새뮤얼(Samuel Freedman). 2008. 『미래의 저널리스트에게』. 조우석 옮김. 미래인.

박래부

1951년 경기도 화성에서 태어났다. 서울고, 국민대 법학과, 한양대 언론정보대학원을 졸업하고, 일본 게이오(慶應)대학 신문연구소에서 공부했다. 한국일보 사회부, 외신부, 문화부 등에서 근무했고 부국장 겸 문화부장, 심의실장, 논설위원실장 등을 거치며 '박래부 칼럼'을 썼다. 언론 현장을 떠난 뒤 한국언론재단 이사장, 새언론포럼 회장을 지냈으며 국민대학교에서 저널리즘 문장을 강의했다. 저서로『김훈·박래부의 문학기행』,『작가의 방』,『한국의 명화』,『화가 손상기 평전』,『분노 없는 시대, 기자의 실존』등이 있다.

한울아카데미 1761

좋은 기사를 위한 문학적 글쓰기

저널리즘 문장론

ⓒ 박래부, 2015

지은이 ┃ 박래부
펴낸이 ┃ 김종수
펴낸곳 ┃ 도서출판 한울
편집책임 ┃ 이수동
편집 ┃ 조수임

초판 1쇄 인쇄 ┃ 2014년 12월 30일
초판 1쇄 발행 ┃ 2015년 1월 20일

주소 ┃ 413-120 경기도 파주시 광인사길 153 한울시소빌딩 3층
전화 ┃ 031-955-0655
팩스 ┃ 031-955-0656
홈페이지 ┃ www.hanulbooks.co.kr
등록 ┃ 제406-2003-000051호

Printed in Korea.
ISBN 978-89-460-5761-6 93070(양장)
ISBN 978-89-460-4946-8 93070(반양장)

＊ 책값은 겉표지에 표시되어 있습니다.